있는 그대로

일러두기

— 본서에 나오는 PTS Pāli Texts의 약어는 Pali English Dictionary(PED)의 약어(Abbreviation) 기준을 따랐다.

— 빠알리어 sati는 주시라는 용어로 번역했다. 명상센터는 수행처 혹은 수행센터로, 명상은 동서양의 명상을 포괄하는 넓은 의미로, 수행은 불교수행인 위빠사나를 진행하고 계발하는 의미로 사용했다.

— 주석에서 소개하는 논문자료 일부는 한국학술지인용색인(www.kci.go.kr), 학술연구정보서비스(www.riss.kr)를 통해 검색 및 무료 다운로드가 가능하다.

있는
그대로

정준영의
위빠사나 이야기

에디터
editor

목차

쉐우민 위빠사나

Prologue

위빠사나 수행이란 지혜를 키워나가는 것을 말합니다. 그렇다면 지혜란 무엇일까요? 지혜에 대해서는 여러 가지로 설명할 수 있지만, 초기불교에서 설명하는 지혜는 '분명한 앎'과 함께하는 '통찰'을 의미합니다. 따라서 무엇이든 있는 그대로의 실제를 분명히 아는 방법이라면 지혜를 키우는 것이며 위빠사나라 부를 수 있습니다.

하지만 위빠사나란 쉽지 않습니다. 왜냐하면 나타나는 현상을 있는 그대로 보는 것이 말처럼 쉬운 일이 아니기 때문입니다. 우리가 몸과 마음의 현상을 살피려고 하면 어느 순간 선입견이 떠오릅니다. 그래서 보려고 해도 기억이라는 색깔이 입혀진 대상을 보게 되고, 먹으려고 해도 기억이라는 조미료가 첨가된 대상을 먹게 됩니다. 이것이 우리의 삶이고, 일반적인 인식 과정입니다.

있는 그대로

위빠사나는 이러한 틀로부터 벗어나고자 하는 노력에서 시작됩니다. 우리가 지닌 선입견은 기억에 의존하고 고정시키려는 속성이 있어 현재 변화하는 실제의 속도를 따라가지 못합니다. 안타깝게도 머릿속에서 만들어진 고정된 생각은 변화하는 실제의 모습을 덮으려 노력합니다. 하지만 오히려 이 과정에서 괴로움(苦)이 발생합니다. 왜냐하면 내가 바라는 생각에 비해 실제의 변화가 너무나 빨라 덮을 수 없기 때문입니다. 예를 들어 누구나 사랑하는 사람과 영원하기를 바랍니다. 하지만 사람은 누구나 빠른 속도로 변합니다. 사랑하는 사람 역시 늙고, 병들고, 죽는 변화의 과정에서 벗어날 수 없습니다. 누군가와 영원하기를 바라는 마음은 고정된 생각이고, 빠르게 변화하는 것은 실제의 모습입니다. 결국 생각은 실제의 모습을 조정할 수 없습니다. 이것은 불만족을 만듭니다. 즉, 괴로운 것입니다.

위빠사나는 이러한 변화에 적응하려는 시도입니다. 가능한 관념과 생각에서 벗어나 실제의 변화하는 모습을 바라보려는 시도인 것입니다. 하지만 오랜 시간 고정된 생각에 익숙해진 마음은 빠르게 변화하는 실제를 바라보기 어렵습니다. 이러한 어려움을 극복하는 방법으로 붓다는 여덟 겹의 길(八正道)을 제시합니다. 그중에서도 집중(定)을 통하여 설명되는 바른 노력(正精進), 바른 주시(正念), 바른 집중(正定)이 바로 개념을 벗어나 실제를 바라보는 지름길이 되어 줍니다. 특히 상좌부불교 안에서는 바른 주시(正念)의 특성을 더욱 부각하여 수행의 구체적인 방법으로 제시하고 있습니다. 이와 같은 수행 과정을 통해 수행자가 끊임없이 노력할 때 그는 빠르게 변화하는 모습을 있는 그대로 보는 힘을 얻게 됩니다. 이것이 지혜를 키워나가는 위빠사나 수행이며, 불만족(괴로움)으로부터 벗어나는 길입니다.

이 책은 고정된 틀로부터 벗어나기 위해, 빠른 변화에 적응하기위해, 불만족으로부터 벗어나기 위해 그 해결 방법으로 위빠사나 수행 방법을 소개합니다. 크게 위빠사나의 이해, 시작, 진행, 발전이라는 네 개의 과정으로 구분하여 위빠사나의 의미와 수행법, 그리고 진행 과정에서의 문제점과 그 해결 방법을 다룹니다.

첫 번째 장과 두 번째 장을 통해서는 위빠사나의 의미를 밝히고, 오늘날 진행되는 다양한 위빠사나 수행법 중에 마하시 사야도(큰스님)의 방법을 소개합니다. 본 수행법은 앉고, 걷고, 서고, 눕고, 일상에서 알아차리는 다섯 가지의 방법으로 나누었으며, 독자가 실제로 책을 읽고 따라 해 볼 수 있는 설명과 이에 대한 이론적 배경으로 구성하였습니다. 만약 이 책을 통해 수행만 진행하고 싶다면, part 2의 기본 수행법만 읽어도 무방합니다. 이 과정을 통해 수행자는 개념에서 벗어나 실제를 바라보는 훈련을 시작하게 될 것입니다.

세 번째 장은 두 번째 장을 통해 위빠사나 수행을 시작한 초보 수행자에게 필요한 핵심 기능과 장애에 대해서 설명합니다. 수행자는 위빠사나 수행의 진행 과정 안에서 집중의 힘을 키우고 대상과의 동일시를 벗어나기 위해 '이름 붙이기'의 방법을 시도할 수 있습니다. 그리고 수행의 발전을 위해 '주시(sati)'와 '알아차림(sampajañña)'의 힘을 키우게 되며, 더 나아가 행위를 하기 전에 '의도'가 있음을 파악하는 수순으로 진행하게 됩니다. 본 장을 통해서는 이러한 과정이 왜 필요한지, 그리고 이를 위해 수행자가 지녀야 하는 마음가짐은 어떠해야 하는지 등에 대해서 설명합니다.

모든 수행에는 어려움이 따릅니다. 위빠사나 수행 역시 앞서 소개된 방법으로 진행하다 보면 통증, 가려움, 졸음, 망상 등의 장애를 만나게 됩니다. 본 장은 이러한 장애들을 만났을 때 수행자가 어떻게 대처하는 것이 바람직한지 그 방법에 대해 다룹니다. 이러한 핵심 기능의 계발과 장애의 극복은 수행자가 개념으로부터 벗어나 실제를 바라보는 과정에서 나타나는 훈련 과정입니다.

네 번째 장은 위빠사나 수행의 본격적인 발전 과정에 대해 다룹니다. 지금까지 설명된 위빠사나 수행법을 간략하게 정리하고 본 수행 과정에서 주의해야 할 점을 설명합니다. 다만, 본 장에서 설명하는 주의해야 할 점은 세 번째 장을 통해 소개된 장애들보다 좀 더 섬세하고 심리적인 문제들을 다룹니다. 이러한 과정을 통해 수행자는 수행의 핵심 기능을 더욱 발전시키고 어려움을 극복해 나아가게 됩니다. 결국 여실지견(如實知見)을 통해 불만족으로부터 벗어나는 길이 제시되고 있는 것입니다

이와 같은 수행의 발전 과정은 초기경전을 통해 칠청정의 단계로, 『청정도론(淸淨道論, Visuddhimagga)』을 통해 지혜의 열일곱 단계로, 마하시 사야도의 가르침을 통해 지혜의 열여섯 단계로 설명되고 있습니다. 물론 이러한 단계가 모든 수행자에게 동일하게 경험되는 것은 아닙니다. 하지만 상좌부의 위빠사나 수행 전통에서는 인간이 몸과 마음 안에서 경험하고 극복하는 수행의 과정이 이와 같은 맥락 안에서 진행된다고 봅니다.

따라서 본 장은 이러한 맥락에 대한 이해의 수준에서 단계를 정리하고 있습니다. 다만 수행의 단계를 구체적으로 언급하지 못 하는 이유는 자칫 본서가 수행자에게 집착의 대상을 만들어 주는 게 아닌가 하는 염려에서입니다

그리고 마지막 장에서는 순룬(Sunlun)과 쉐우민(Shwe Oo Min) 위빠사나의 역사와 수행법에 대해서 소개합니다. 마하시와 마찬가지로 이들 역시 선정(禪定)을 성취하지 않고 위빠사나만 진행하는 순수위빠사나 수행으로, 상좌부 전통의 맥락에서 진행하는 현대 수행법입니다. 마하시 위빠사나 수행은 『청정도론』을 중심으로 그 발전의 구조를 잡고 있으나, 이들 위빠사나는 상좌부의 전형적인 방식

있는 그대로

에서 벗어난 또 다른 형태의 위빠사나 수행법입니다. 순룬 위빠사나는 독특한 호흡을 사용하고, 쉐우민 위빠사나는 마음을 강조하는 수행을 진행합니다.

그런데 순룬 위빠사나는 그 역사에도 불구하고 구체적인 안내서는 국내에서 찾아보기 어렵습니다. 최근 가장 많은 한국인 수행자들의 관심을 끄는 쉐우민 위빠사나 역시 그 구체적인 방법을 말하기는 어렵습니다. 따라서 본 장에서는 이들에 대한 소개와 함께 마하시와는 다른 그들만의 독특한 수행법들을 담았습니다.

대부분의 명상자들은 감각적 욕망에 기준하여 만족할 만한 경험은 명상의 순기능으로, 괴롭거나 힘든 경험은 명상의 역기능으로 이해합니다. 빛을 보거나 신비한 체험을 하면 초월적 경험을 했다고 해석하고, 통증 없이 수행 시간이 빨리 지나가면 유의미한 결과를 얻었다고 해석합니다. 망상이나 환영을 보면 무의식이 반영된 것이기에 존중해 주어야 한다고도 합니다. 반면에 다리가 저리거나 시간이 안 가고, 망상이 많고, 불안하면 수행이 퇴보했다거나 수행을 망쳤다고 해석합니다. 이들은 모두 탐욕과 성냄을 기반으로 한 잘못된 판단입니다.

위빠사나는 즐거운 경험과 괴로움 경험, 혹은 자신의 판단에 따라 호불호를 결정하는 수행이 아닙니다. 탐욕과 성냄을 없애기 위한 수행입니다. 위빠사나는 희열이 오든지 다리가 쑤시든지 판단하지 않고 있는 그대로 보는 방법입니다. 따라서 방황하는 망상을 잡기 위해 애쓰다 지친 5분이, 무엇을 했는지 모르며 빠르게 지나간 1시간보다 의미 있는 시간입니다.

최근 북미에서 시작된 명상의 열풍과 대중화는 우리나라에까지 이어지고 있습니다. 특히 위빠사나 수행은 번뇌를 제거하고 열반을 추구하는 수행법에서 심신의 치유를 위한 마음챙김 명상법으로 대중화되고 있습니다. 명상의 대중화는 저변 확대라는 측면에서 보면 참으로 반가운 일입니다. 그러나 자칫 위빠사나가 다양한 명상들 사이에서 본래의 의미를 잃는 것은 아닐까 하는 염려도 있습니다. 위빠사나는 심신의 즐거움이나 이완, 그리고 자아 존중감을 위한 명상이 아닙니다. 심리적 취약자를 치료하는 것이 아니라 근본적인 괴로움에서 벗어나고자 하는 사람들을 성인으로 만드는 것이 목적인 수행입니다. 자아의 회복이 아닌 무아를 알기 위한 수행입니다. 위빠사나에 대한 올바른 이해가 심리치료적 명상과 불교수행을 구분하고, 올바른 선택의 길로 안내할 수 있다고 생각합니다.

실용적인 명상을 기준으로 이 책을 만난다면 조금 어렵게 느껴질 수 있습니다. 그럼에도 불구하고 명상의 토대가 무엇인지, 진정한 행복이 무엇인지 이해할 필요가 있습니다. 이제 위빠사나를 만난 지 30년이 됩니다. 초기불교 수행의 핵심인 위빠사나를 전통에

있는 그대로

충실한 방법으로 소개하고자 합니다.

　필자가 재직하고 있는 서울불교대학원대학교의 명상학 전공은 가르침과 배움이 하나라는 사실을, 이론과 실제가 병행되어야 함을 가르치고 있습니다. 함께 연구하고 수행하는 원생들에게 감사합니다. 본고의 교정을 위해 세심하게 살펴주신 승영란 선생님께도 감사드립니다. 그리고 그 누구보다도 나에게 위빠사나 수행을 가르쳐 주시고, 초기불교를 공부하게 하시고, 부처님께 귀의하는 삶으로 이끌어 주신 아버지(『다비』의 著者)와 늘 사랑으로 지지해 주시는 어머니께 감사의 마음을 올립니다.

2019년 12월

정준영

현존하는 불교는 크게 대승불교, 상좌부불교, 금강승불교로 나눌 수 있다. 이들 불교 모두 위빠사나 수행을 다루고 있지만, 스리랑카, 미얀마, 태국 중심의 상좌부불교가 빠알리어 전통 안에서 위빠사나 수행법을 유지, 발전시켜 왔다. 특히 미얀마는 팔정도의 사념처 수행을 중심으로 위빠사나의 방법을 체계화하는 데 기여했다. 그러다 보니 현대인들은 위빠사나 수행을 '지혜의 계발'보다 '사띠명상' 혹은 특정 방식의 수행법으로 이해하기도 한다.

PART 1

위빠사나의 이해

그때는 몰랐습니다. 그날이 내 인생에서 어떤 의미를 갖게 될지….

1990년 어느 겨울날 아침이었습니다.

"차에 타라"

"네? 학교 가야 하는데요."

나는 어리둥절한 표정으로 아버지를 바라보았습니다.

하지만 아버지는 단호했습니다. 가족 모두에게 예외는 없었습니다. 집안일이 산더미 같은 어머니도, 대학생인 누나들도, 대학입시를 코앞에 둔 나도 모두 일상을 뒤로하고 아버지의 뜻에 따라야만 했습니다.

"모두 차에 타라. 그리고 당분간 각자의 일들은 접어 둔다."

이런 청천벽력 같은 소리가….

하지만 아버지의 강한 의지는 우리에게 퇴로의 여지를 남겨 주지 않았습니다. 그렇게 해서 아버지의 작은 차는 다섯 식구를 싣고 설렘과 불안을 함께 담아 전라남도 해남으로 달렸습니다. 오랜 시간 끝에 도착한 대흥사는 고요하기 그지없었습니다. 빼어난 자연과 함께 어우러진 대흥사의 고즈넉한 정취는 참으로 아름다웠습니다. 하지만 그도 잠시, 아버지는 우리를 이끌고 어디론가 향했습니다. 나는 무언지 모를 막연한 긴장감에 휩싸였습니다.

아버지의 소개로 처음 인사를 드린 스님들은 이상한 옷을 입고 있었습니다. 비구로 보이는 스님조차도 바지가 아닌 치마 같은 것을 입고, 갈색 천을 몸에 두르고 있었습니다. 그 옷에서 소매나 단추는 찾아볼 수 없었습니다. 무엇인가를 입고 있다는 느낌보다는 걸치고 있다는 표현이 적절할 것 같았습니다. 뿐만 아니라 생전 듣지도 못한 생소한 언어를 사용했습니다. 분명히 한국 사람임에도 불구하고 뭔가 기도를 할 때에는 된소리가 많이 나는 이상한 주문을 외우는 것이었습니다. 내 귀에는 그 소리가 '따따부따, 따따부따' 하는 것처럼 들렸습니다.

점차 말로 표현하기 어려운 불안이 밀려왔습니다. 아버지는 왜 우리를 이런 곳으로 데리고 온 것일까? 가장 신뢰하는 사람이 가장 신뢰하기 어려운 공간에 우리를 떨궈 놓은 것입니다. TV 뉴스나 신문을 통해 간혹 보도되던 사이비 종교 단체, 한 번 빠지면 가족도 직장도 다 버린다는 그런 사이비 종교 단체에 온 것이 틀림없었습니다. 나는 우리 가족이 세상을 등지고 '따따부따' 하는 주문을 외우며 평생을 여기서 보내야 하는 것은 아닐까 하는 불안에 떨어야 했습니다. 도망쳐 버릴까? 그러나 차마 그럴 수는 없었습니다. 내가 이곳을 떠난다는 것은 가족에 대한 또 다른 배신이었기 때문입니다. 나의 위빠사나 경험은 이렇게 시작되었습니다.

불안과 의심은 시간이 흐르면서 어려움으로 바뀌어 갔습니다. 우선 정오 이후에는 먹을 것을 주지 않았습니다. 지금까지 더 먹으라는 청유형의 소리만 들어왔던 나에게 이들은 '오후불식'을 요구했습니다. 게다가 먹는 것도 쉽지 않았습니다. 내가 조금 먹을라치면 "물 따르시오", "밥 나르시오" 하며 제대로 먹을 시간조차 주지 않았습니다. 여기서 끝이 아니었습니다.

있는 그대로

말도 못하게 했을 뿐만 아니라, 모든 동작을 천천히 할 것을 요구했습니다. 우리 가족이 가능한 천천히 움직이며 걷는 수행을 할 때, 때마침 찾아온 관광객들은 사찰을 구경하는 것이 아니라 우리를 구경하였습니다. 나는 몹시 부끄러워 당장 도망치고 싶었지만 아버지의 눈이 무서워 그럴 수도 없었습니다.

고통의 절정은 좌선에 있었습니다. 새벽 4시부터 밤 9시까지 좌선과 행선을 반복하였는데, 걷기 수행인 행선은 그런대로 견딜 만했지만 꼼짝없이 앉아 있어야 하는 좌선은 참으로 힘들었습니다. 다리와 허리는 저리고 쑤셨습니다. 일 분이 한 시간 같았고, 하루는 한 달 같았습니다. 정말 시간은 동아줄에 단단히 묶여 있는 듯했으며, 마치 감옥살이가 어떤 것인지 실감하는 것 같았습니다. 이렇게 시간은 더디게 흘렀습니다.

하지만 모든 것이 나쁜 것만은 아니었습니다. 갈색 가사를 입은 스님들은 우리 가족이 예불에 참석하지 않아도 좋다고 하셨습니다. 이 분들의 의견은 수행을 하는 것이 예불을 하는 것과 같다는 것이었습니다. 덕분에 나는 이른 새벽의 부족한 잠을 좌선을 하는 척하며 보충할 수 있었습니다. 우리 가족에게 주어진 의무는 우리의 몸과 마음을 바라보는 것뿐이었습니다. 울력도 없었으며 어떠한 의식(儀式)에도 참여하지 않았습니다. 오히려 절 안에서 공밥 먹으며 이래도 되는 것인가 하는 의문이 들 정도였습니다.

무엇인가를 믿으라고 하거나, 관념을 좇으라는 말도 없었습니다. 나의 언행에 대한 선악(善惡)의 판단도, 그 결과에 대한 부담도 언급하지 않았습니다. 알아듣기 어려운 한자어도 없었으며, 경전을 보라거나 책을 읽으라고 강요하지도 않았습니다. 단지 무엇이든 몸과 마음에서 나타나는 현상을 바라보고, 무엇을 보았든지 지켜보고, 정해진 시간에 스님과 인터뷰를 하는 것이 전부였습니다. 인터뷰를 하는 동안에도 스님들은 이렇게 해라 저렇게 해라 하지 않았습니다. 나에게 어떤 것도 강요하지 않았습니다. 모든 것은 나에게 달려 있었습니다. 수행을 하는 동안 나의 주인은 나였으며, 나 이외의 어떠한 의지처도 필요하지 않았습니다. 팔계(八戒)를 지키며 일정에 따라 진행하는 과정도 모두 이 몸과 마음을 관찰하기 위한 수단에 불과했습니다.

시간의 흐름에 따라 사이비 종교 단체로 의심했던 나의 예측은 조금씩 빗나가기 시작했습니다. 나는 더 이상 위빠사나 수행 단체에 대한 의심이나 가족과 세상을 등져야 할 필요를 느끼지 못했습니다. 할머니의 염불(念佛) 소리를 자장가로 듣고 자란 나에게 이러한 가르침은 또 다른 불교와의 만남이었습니다. 부처님은 나에게 기원의 대상에서 스승의 자리로 옮겨 가고 있었습니다. 어느덧 약속된 시간이 흘러 우리는 다시 아버지의 작은 차에 몸을 실었습니다. 새로운 경험에 대한 설렘이나 불안은 사라졌지만 나에게 여전히 숙제는 남아 있었습니다.

'친구들에게 어디 갔다 왔다고 해야 하지?'

1

위빠사나란 무엇인가?

　현존하는 불교는 크게 3가지이다. 대승불교, 상좌부불교, 금강승불교이다. 이들 불교는 모두 위빠사나(毘鉢舍那, Vipaśyanā) 수행을 다루고 있다. 특히 스리랑카, 미얀마, 태국을 중심으로 상좌부불교는 빠알리어 전통 안에서 위빠사나 수행법을 유지, 발전시켜 왔다. 근현대에 들어서 위빠사나는 대중들을 위한 특별한 수행 방법론으로 성장하게 된다.* 미얀마는 팔정도(八正道)의 사념처(四念處) 수행을 중심으로 위빠사나의 방법을 체계화하는 데 기여했다. 그러다 보니 현대인들은 위빠사나 수행을 '지혜의 계발'보다 '사띠명상' 혹

＊　정준영, 「테라와다불교의 발생과 흐름」 『한국불교학』 제55집, (한국불교학회, 2009)

은 특정 방식의 수행법으로 이해하고 있는 것도 사실이다.

위빠사나(Vipassanā)는 오늘날 전 세계적으로 가장 많이 알려져 있는 불교 수행법 중의 하나이다. 불교의 발생과 더불어 2500년이라는 역사를 지닌 이름이긴 하지만, 세상에 널리 알려지기까지는 많은 시간이 걸렸다. 국내에는 1980년대 후반에 전해졌다. 그 후로 크고 작은 수행 공간을 통하여 위빠사나가 보급되었으며 현재까지 수행자가 꾸준히 늘고 있다.

위빠사나는 이 생소한 이름 때문에 많은 논란도 일으켰다. 사이비 단체의 명상법이라는 의혹은 물론이고, '남방(上座部)의 열등한 수행법이다', '자신만을 위한 수행법이다'라는 등 기존의 한국수행은 새로운 이름을 쉽게 받아들이지 않았다. 하지만 폄하만 있었던 것은 아니다. 반대로 '부처님께서 깨달음을 이루신 유일한 방법이다', '남방불교가 붓다의 직설을 담은 진짜 불교다', '남방에서는 모두 이 수행을 한다' 등 위빠사나를 미화하는 말들 역시 오르내렸다. 이와 같은 수많은 논란 사이에서 위빠사나는 어느덧 우리나라 불교 수행의 하나로 자리 잡게 되었다.

1. 위빠사나의 의미

먼저 위빠사나는 빠알리(Pāli)어이다. 빠알리어는 부처님 재세 시에 일반 대중이 사용하던 언어, 그리고 부처님께서 대중에게 설법할 때 사용한 언어라고 믿고 있다. 무엇보다도 불교 안에서 삼장(三藏: 經藏, 律藏, 論藏)으로 남아 있는 가장 오래된 언어이기에 남방불교 전통에서는 그 중요성을 더욱 강조한다. 그렇다면 위빠사나란 어떤 것을 의미하는 것일까? 크게 사전적 의미, 실천적 의미, 경전적 의미, 방법론적 의미로 나눌 수 있다.

사전적 의미

빠알리어인 위빠사나(Vipassanā)는 한 단어가 아니라, 접두사 '위(vi)'와 본다는 의미의 '빠스(paś)'라는 어근을 가진 명사형 '빠사나'가 결합된 용어이다. 접두사 '위(vi)'는 대체로 강조의 의미를 지닌다. '분명히', '면밀히', '제대로', '나누어' 등의 의미로 이해하면 수월하다. 빠알리어 역시 우리말과 같은 소리글자이다. 우리가 '맛을 본다'라고 할 때, '본다'는 의미가 '안다'는 의미를 담고 있는 것처럼 '빠사나' 역시 '본다'는 뜻이지만 '안다'는 의미를 포함한다. 따라서 위빠사나는 '나누어 봄', '뛰어난 봄', '면밀한 앎', '분명한 앎', '특별한 관찰' 등으로 해석할 수 있다. 결국 위빠사나를 통찰(Insight), 내적 통찰, 관찰 등으로 번역하고 있다. 본서는 위빠사나를 번역하지 않고 그대로 사용할 것이다.*

실천적 의미

실천적 측면을 강조한 남방 상좌부의 수행 전통에서는 '위빠사나'를 법의 3가지 특징인 삼법인(三法印)에 비유한다. 수행자가 수행을 통하여 예리한 관찰력으로 무상(無常, anicca), 고(苦, dukkha), 무아(無我, anatta)라는 고유의 특성을 꿰뚫어보는 것이기에, 위빠사나란 수행을 통하여 나타나는 '변화'와 '변화에 따른 불만족', 그리고 그 안에 '나라고 할 만한 것이 없다'는 사실을 통찰하는 것이다. 따라서 위빠사나 수행자는 현상의 특성을 삼법인으로 본다. 삼법인

---

* 정준영, 「사마타와 위빠사나의 의미와 쓰임에 대한 고찰」『불교학연구』제12호, (불교학연구회 2005)

있는 그대로

은 모든 현상의 일반적 속성이기에, 이를 다시 조작하거나 판단하지 않고 '있는 그대로 본다'라고 한다.

위빠사나를 실천하는 데 있어 가장 중요한 것은 무상함을 이해하는 것이다. 무상함이란 '모든 것은 영원하지 않다'는 의미이다. 즉, 모든 것이 변하고 있다는 설명이다. 하지만 이 세상에는 변하지 않는 것도 많다. 우리가 약속을 통해서 정한 개념은 쉽게 변하지 않는다. 예를 들어 1 + 1 = 2라는 개념은 변하지 않는다. 개명을 하지 않는 개인의 이름도 변하지 않는다. 이처럼 약속에 의해 변하지 않는 것들을 '개념(concept)'이라고 부른다.

붓다가 삼법인을 설할 때의 무상은 개념이 아닌 '실제(reality)'를 말하는 것이다. 실제 하는 것 중에 변하지 않는 것은 없다. 따라서 위빠사나 수행자는 개념이 아닌 실제 하는 현상을 대상으로 삼아야 한다. 만약 개념이나 이미지를 대상으로 삼는다면 집중력은 키울 수 있을지 모르지만, 무상하다는 실제는 보기 어렵다. 그러다 보니 많은 위빠사나 수행처에서 초보자를 위해 마음의 현상보다 몸의 감각을 추천하기도 한다.

경전적 의미

초기경전에 삼법인과 관련하여 우리에게 널리 알려진 『법구경(法

무상은 개념이 아닌 '실제(reality)'를 말하는 것이다. 실제 하는 것 중에 변하지 않는 것은 없다. 따라서 위빠사나 수행자는 개념이 아닌 실제 하는 현상을 대상으로 삼아야 한다. 만약 개념이나 이미지를 대상으로 삼는다면 집중력은 키울 수 있을지 모르지만, 무상하다는 실제는 보기 어렵다.

句經, Dhammapada)』은 다음과 같이 설명한다.

'조건에 의해 생겨난 모든 현상(諸行)은 영원하지 않다(無常)'라고 지혜에 의해 볼 때, 그는 괴로움에 대해 싫어하게 된다. 이것이 청정함에 이르는 길이다. '조건에 의해 생겨난 모든 현상(諸行)은 괴로움(苦)이다'라고 지혜에 의해 볼 때, 그는 괴로움에 대해 싫어하게 된다. 이것이 청정함에 이르는 길이다. '모든 법들은 영원한 자아가 없다(無我)'라고 지혜에 의해 볼 때, 그는 괴로움에 대해 싫어하게 된다. 이것이 청정함에 이르는 길이다.(Dh. 277~279)

법구경은 세 가지 법의 특성(三法印)인 무상, 고, 무아에 대해 지혜로써 관찰하는 것이 바로 청정[열반]에 이르는 길임을 설명하고 있다. 지혜로써 관찰한다는 말은 다름 아닌 위빠사나라고 이해할 수 있다. 이러한 설명은 『앙굿따라니까야(AṅguttaraNikāya)』를 통해 분명해진다. 붓다는 위빠사나에 대해 지혜를 계발하여 무지를 벗어나는 것이라 설명한다.

"비구들이여, 사마타 수행을 하면 어떤 이익을 얻습니까?" "마음이 계발됩니다." "마음이 계발되면 어떤 이익을 얻습니까?" "탐욕이 제거됩니다." "비구들이여, 위빠사나 수행을 하면 어떤 이익을 얻습니까?" "지혜가 계발됩니다." "지혜가 계발되면 어떤 이익을 얻습니까?" "무지가 제거됩니다." "비구들이여, 탐욕에 의해 오염된 마음은 자유롭지 못하고 무지에 의해 오염된 지혜는 계발되지 않습니다." "비구들이여, 탐욕에서 벗어남으로 마음의 해탈을 얻고 무지에서 벗어남으로 지혜의 해탈을 얻습니다."(A. I. 61)

이처럼 수행자는 위빠사나를 통해 지혜를 계발하고, 이렇게 계발된 지혜를 통해 오염된 무지로부터 벗어나 혜해탈(慧解脫)을 얻게 된다. 다시 말해 위빠사나는 지혜와 떼려야 뗄 수 없는 관계이며, 궁극적으로 깨달음으로 이끄는 수행이라는 것이다.

수행 방법론적 의미

오늘날 우리에게 위빠사나는 지혜의 계발보다 사념처 수행 혹은 큰스님(사야도) 중심의 특정 수행 방법으로 더 잘 알려져 있다. 특히 미얀마나 인도의 위빠사나 수행 지도자들은 팔정도(八正道)의 정념 (正念, sammā-sati)인 사념처(四念處)를 위빠사나 수행법이라고 설명한다.

위빠사나 수행의 대명사로 알려진 마하시 사야도(ven. Mahasi

Sayadaw)나 고엔카지(S.N. Goenka)의 가르침에 따르면 사념처와 위빠사나는 동의어처럼 사용한다. 이러한 배경에는 상좌부불교의 주석서 전통 안에서 사념처의 수관(修觀, anupassanā)과 위빠사나(觀, vipassanā)를 동의어처럼 사용한 것에서 기인한다고 볼 수 있다.

사념처를 설명하는 「마하사띠빳타나 숫따(Mahasatipaṭṭhāna sutta)」는 몸(身, kāya), 느낌(受, vedanā), 마음(心, citta), 법(法, dhamma)의 네 가지 대상에 주시를 확립하는 방법을 설명한다. 이때 몸에 주시하는 것을 보통 '신념처(身念處)'라고 부르는데, 빠알리어로는 '까야아누빠사나(kāyānupassanā)'이며 직역하면 '신수관(身修觀)'이 된다. 아누'빠사나'와 위'빠사나'의 유사성이 이들을 동의어 취급하게 만들었다. 이와 같은 해석은 위빠사나를 지혜를 계발하는 혜학(慧學)의 위치에서 사념처를 행하는 정학(定學)위치로 변화시켰고, 구체적 방법론을 강조하게 되었다.

초기경전의 가르침에 따르면, 붓다의 재세 시 열반(涅槃, nibbāna, 깨달음)으로 향하는 여러 수행법이 있었음을 알 수 있다. 붓다는 출가자와 재가자들에게 각자의 성향과 근기에 맞는 수행법을 지도했다. 덕분에 많은 수행자들이 좋은 결과를 얻었다. 하지만 붓다의 열반 이후, 수행자 각각의 근기나 성향에 맞는 맞춤형 수행법을 전달하는 게 쉽지 않았다. 이를 해결하기 위해 승가의 많은 지도자들이 붓다가 지도한 수행법들을 모으고 분류하는 등 온갖 노력을 다했다.[*] 이와 같은 노력은 전통적으로 다양한 방법론들을 생산하고 체계적 구조를 갖추는 데 공헌했다. 현재의 위빠사나 수행법 역시 이러한 맥락에서 구체적인 실천법으로 발전했다. 오늘날 위빠사나가 지혜를 계발하는 수행이라는 본래의 의미뿐만 아니라 사념처라는 수행법으로도 널리 쓰이게 된 이유이기도 하다.

---

*   정준영, 「인간성향에 따른 수행방법연구」 『불교와심리』 제1호, (불교와심리연구원, 2006);
      정준영, 「초기경전에 나타나는 인간유형연구」 『불교학보』 제61집, (불교문화연구원,
      2012)

있는 그대로

2. 수행법으로써의 위빠사나

그렇다면 오늘날에는 어떤 수행 방법으로 지혜를 계발하고 있을까. 현재 우리가 접할 수 있는 위빠사나 수행 방법은 크게 두 가지로 나눌 수 있다. 위빠사나(觀)와 사마타(samatha, 止)를 함께하는 수행과 위빠사나만 홀로 진행하는 수행으로 나눌 수 있다.* 이 두 가지 구분은 또 다시 여러 가지 방법으로 세분화된다. 본서에서는 편의상 위빠사나만으로 진행하는 순수위빠사나(純觀, suddha-vipassanā)를 살펴볼 것이다.

이 순수위빠사나 수행법은 초기경전보다는 5세기에 집필된 붓다고사의 『청정도론(清淨道論, Visuddhimagga)』과 주석문헌에서 많은 영향을 받았다. 즉, 붓다의 수행법이라기보다는 붓다의 수행법을 바탕으로 후대에 만들어진 수행법이다.** 붓다의 열반 이후 거의

* 정준영 옮김, 『몰입이 시작이다』 불광출판사, 2015
** 정준영, 「사마타없는 위빠사나는 가능한가?」 『불교사상과 문화』 제2호, (중앙승가대학교 2010)

천년 동안의 고민과 노력 끝에 만들어진 결과물이기 때문에 초기경
전에는 나타나지 않는 새로운 신조어들이 등장하고, 그 내용 또한
세밀하고 정교해졌다. 이와 같은 흐름은 미얀마의 불교 전통을 통
해 더욱 눈부시게 발전했다.

그러나 오늘날의 위빠사나 수행법이 정학만을 강조하는 것은 아
니다. 순수위빠사나라고 할지라도 계정혜 삼학을 추구한다. 또한
사마타를 통한 선정(禪定, jhāna)의 성취를 거부하지만, 초보 수행자
를 위해 집중을 돕는 개념적 방법을 차용하기도 한다.

현재 미얀마에서 진행되는 순수위빠사나 수행법은 그 종류가 다
양하다. 대표적인 순수위빠사나 수행법으로는 마하시 위빠사나, 순
룬 위빠사나, 쉐우민 위빠사나를 들 수 있다. 이들 셋은 공통적으로
위빠사나만으로 수행하지만, 방법론에서는 커다란 차이를 보인다.
첫 번째로 순룬 사야도(Sunlungukyaung Sayadaw)의 수행 방법을 가르
치는 순룬 위빠사나는 손을 쥐는 방법부터 가르친다. 그 이유는 고
정된 자세로 들숨과 날숨의 길이를 맞춰 호흡을 하다 보면 호흡이
풀무질하는 것처럼 강렬해지면서 통증이 유발되는데, 이를 참기 위
해 손을 꼭 쥘 필요가 있기 때문이다. 코끝에 닿는 강렬한 호흡의
감각에 50분간 집중하고, 나머지 50분간은 호흡을 내려놓고 몸의
느낌을 주시한다.

반면에 쉐우민 사야도(Shwe Oo Min Sayadaw)의 쉐우민 위빠사나

수행법은 몸에 대한 주시보다는 마음에 대한 주시를 강조한다. 이 수행은 '아는 마음'이 중요하다. 일어난 마음과 그 마음을 알아차리는 것이 수행의 핵심인 것이다. 이 과정에서 수행자는 주시를 계발하기 위해 일부러 천천히 행동하거나 명칭을 붙이는 마하시 방법과는 다른 길을 걷는다. 몸과 마음을 자연스럽고 편안하게 유지하며 마음을 주시한다. 이들 순룬 사야도와 쉐우민 사야도의 위빠사나 수행법에 대해서는 5장에서 구체적으로 다루겠다.

마하시 사야도(Mahasi Sayadaw)의 위빠사나 수행법은 오늘날 가장 널리 알려진 수행법이다. 서양에도 소개되어 심리치료 방법으로도 활용되면서 불교 수행법에 머물지 않고 명상[mindfulness]이란 이름으로 재탄생되었다. 마하시의 위빠사나는 순룬이나 쉐우민과는 또 다르다. 호흡을 통한 배의 움직임을 주시의 기본 대상으로 삼고, 행선과 좌선을 병행한다. 또한 주시의 힘을 키우기 위해 일부러 천천히 걷고 행동할 뿐만 아니라, 대상에 명칭을 붙인다.

마하시 위빠사나 수행은 센터장의 경험이나 추구하는 바에 따라 다시 세분화된다. 빤디따라마(Panditārāma), 삿다마란시(Saddhamaransi), 찬메이(Chanmyay) 위빠사나 수행센터 등이 마하시 사야도의 가르침 안에서 조금씩 다른 형태로 그들의 전통을 만들어 가고 있다. 이처럼 위빠사나 수행은 각각의 지도자와 수행 전통에 따라 다양한 방법으로 확장된다. 이외에 해외에 소개되지 않은 미얀마의 위빠사나 수행법들도 존재한다. 미얀마 외의 다른 상좌부불교 국가의 수행법들까지 고려한다면 위빠사나 수행법은 매우 다양하고 그 방법 역시 지속적으로 늘어나는 추세라고 할 수 있다.

이 책은 다양한 위빠사나 수행법 중에서 미얀마(Myanmar)의 수도 양곤(Yangon)에 위치한 마하시 수행센터(Mahasi Sasana Yeiktha Meditation Centre)의 수행법을 중심으로 시작할 것이다. 필자는 이곳에 여러 차례 방문하여 우 와사와 사야도(U Vasava Sayadaw)와 우 자띨라 사야도(U Jatila Sayadaw)께 가르침을 받았다. 이 책에 소개되는 내용은 마하시 사야도의 가르침을 중심으로 하되, 두 스승의 가르침도 함께 담았다.

먼저 수행자가 어떻게 위빠사나를 시작하고 진행하는지, 그리고 목적은 무엇인지 알아볼 것이다. 동시에 행주좌와의 수행법을 구체적으로 제시하고, 수행의 전반적인 유의점도 살필 것이다. 이 과정에서 상좌부 전통의 가르침뿐만 아니라 가능한 초기경전의 설명을 통해 이해를 돕고자 할 것이다.

위빠사나가 어색한 수행자의 경우, 이 책이 조금 어렵게 느껴질 수도 있다. 하지만 소개하는 방법들을 모두 실천하라는 것은 아니다. 수행자는 잠깐 동안의 수행에서부터 그것을 지속하고 반복함으로써 시나브로 발전하게 될 것이다. 짧은 시간이라도 정확하게 수행할 수 있다면 성공이다. 가정이나 사회생활을 하면서 시간이 있

있는 그대로

―――――――――

몸이나 마음이 괴로운 사람, 그 괴로움으로부터 벗어나고 싶은 사람
은 누구나 이 수행을 통하여 '나'라는 생각의 허와 실을 정확하게 보
게 될 것이다.

을 때마다 5분, 10분, 30분, 1시간 수행하는 것도 좋다. 얼마간이라도 정확히 수행하면 그동안 미처 알지 못했던 진정한 휴식의 세계를 경험하고 몸과 마음의 피로감 해소와 아울러 생활의 활력을 느끼게 될 것이다. 더 나아가 한두 달 정도 집중수련을 경험한다면 인생의 새로운 계기를 만날 것임이 분명하다.

몸이나 마음이 괴로운 사람, 그 괴로움으로부터 벗어나고 싶은 사람은 누구나 이 수행을 통하여 '나'라는 생각의 허와 실을 정확하게 보게 될 것이다. 위빠사나는 버릴 것과 취할 것을 구분하는 지혜를 일으키고, 자신과 남들을 보호하며, 슬픔과 비탄, 갈애와 불안, 육체적 정신적 괴로움으로부터 벗어나 조건 없는 최상의 행복으로 이끌어 주는 수행이다.

3. 붓다의 중심 가르침

붓다의 시대, 인도에는 특유의 신분제도인 카스트(caste)가 존재했다. 부모에 의해 태어난 계급은 바꿀 수 없었고, 숙명처럼 살아야만 했다. 붓다는 이러한 고정된 운명을 거부했다. 사람은 계급을 떠나 누구나 평등하고, 노력을 통해 발전과 변화를 추구할 수 있다고 생각했다. 계급은 숙명이 아니라 자신의 노력 여하에 달린 것이라고 보았다. 붓다는 이러한 발전과 계발을 '바와나(bhāvanā)'라고 불렀다. 바와나는 오늘날 수행(修行) 혹은 명상(瞑想)으로 번역한다. 불교수행은 이처럼 변화와 발전에서 시작한다.

깨달음을 얻기 전 싯다르타(Siddhattha)는 출가하여 6년간 고행의 길을 걷는다. 그 당시 유행하던 고행법들을 통해 고정불변의 실체, 즉 아뜨만(ātman)을 찾기 위해 부단히 노력했다. 하지만 그는 영원한 행복을 누릴 아뜨만을 찾지 못한다. 고행을 포기한 붓다는 새로운 길을 모색한다. 그는 죽은 후에 몸과 분리하여 영원히 살거나〔常住論〕, 몸을 따라 내세로 연결 없이 죽는〔斷滅論〕 자아(ātman)의 부정에서 시작한 새로운 길, 바로 중도(中道)를 통해 깨달음을 얻는다.[*] 고정된 실체를 부정하는 변화 그리고 그 안에서의 발전은 깨달음의 핵심 키워드였다. 깨달음을 얻은 붓다는 "나는 손톱 끝으로 집을 수 있는 작은 흙먼지 크기만큼이라도 영원불변의 실체는 찾을 수가 없었다"고 설한다.

무상에 대한 이해의 시작은 무아에서 완성된다. 무상의 이해는 결국 나라고 할 만한 것이 없음을 알게 한다.[**] 위빠사나는 무상을 통해 무아를 체득하는 방법이다.

수행자가 몸과 마음을 있는 그대로 보아 삼법인을 통찰하고, 지혜를 통해 무지로부터 벗어날 수 있다면 위빠사나 수행이라고 할 수 있다. 결과적으로 위빠사나는 그 다양한 방법에도 불구하고 다시 붓다의 중심 가르침으로 귀결된다. 아무리 다른 전통의 위빠사나 수행법이라고 할지라도 지혜를 계발하기 위해서는 붓다가 설하신 계정혜(戒定慧) 삼학(三學)의 길을 벗어나기 어렵다. 어떠한 위빠사나 수행법이라도 팔정도와 분리하여 진행할 수는 없는 것이다. 팔정도의 일부분이 아니라 팔정도 전체를 아우르는 중도(中道)가 위빠사나이다.

---

[*] 정준영, 「붓다의 깨달음, 해탈, 그리고 열반」 『깨달음, 궁극인가 과정인가』, (운주사, 2014)

[**] 정준영, 「나라고 할 만한 것이 있는가」 『나, 버릴 것인가 찾을 것인가』, (운주사, 2008)

있는 그대로

따라서 위빠사나 수행자는 먼저 계(戒)를 지키고, 몸과 마음에서 나타나는 불선을 막아 끊고, 선함을 계발 유지하는 노력(viriya, 精進)과 더불어 주시(sati, 念)와 집중(samādhi, 定)을 활용한다. 수행자는 이 과정에서 분명한 앎(正知, 알아차림, sampajañña)을 지니고, 사성제(四聖諦)에 대한 '바른 견해(正見)'와 감각적 욕망과 나쁜 사유가 없는 '바른 사유(正思惟)'라는 지혜(paññā, 慧)를 더욱 계발하게 된다. 이처럼 위빠사나는 삼학(三學)을 통해 지혜를 계발하는 수행법이다. 중도를 통한 붓다의 깨달음이 곧 위빠사나의 길이다.

호흡을 통한 배의 움직임으로 관찰을 시작하는 것은 마하시 위빠사나만의 독특한 방법이다. 처음 이 방법이 소개되었을 때, 같은 상좌부불교권인 스리랑카 승려들은 탐탁하게 여기지 않았다. 호흡을 통한 배의 관찰은 『청정도론』과 같은 상좌부불교의 전통 문헌에 나타난 방법이 아니기 때문이다. 하지만 시간이 흘러 스리랑카의 수행처에서도 이 방법을 선호하는 곳이 늘어났다. 배의 움직임을 주시하는 마하시 방식은 현존하는 감각에 주의를 두는 새로운 위빠사나 전통으로 자리를 잡았다.

PART 2

위빠사나 수행의 시작

미얀마 마하시 수행센터에 들어온 지도 한 달이 넘어갑니다. 출국 이후에 한국 소식은 접하지 못했습니다. 모든 수행자들이 숙소로 돌아간 시간, 어둠이 내린 사무실에 홀로 앉아 전화벨이 울리기를 애타게 기다렸습니다.

"따르릉, 따르릉"

그토록 기다렸던 전화벨이 울렸습니다. 긴장과 설렘에 수화기를 들어 봅니다.

"여보세요?"

아버지의 음성입니다. 한 달여 만의 가족과의 대화, 그리웠던 목소리에 서둘러 대답합니다.

"여보세요? 예, 저예요!"

대답이 끝나자마자 아버지께선 신중한 목소리로 물으십니다.

"계(戒)는 받았니?"

"예, 받았어요. 지금 가사를 입고 있어요."

한국에 가는 인편에 편지를 보내고, 편지 안에 날짜와 시간을 적어 어렵게 연결된 통화입니다. 그럼에도 불구하고, 아버지께서 처음 물으신 건 비구계를 받았는지에 대한 질문이었습니다. 그리고 말을 이으셨습니다.

"스님, 건강하시지요?"

"아..., 네..."

아버지께서는 줄곧 존댓말로 응대하셨습니다. 정말 하고 싶은 말이 많았는데 아버지의 존댓말은 당혹스러웠습니다. 대답 이외에는 어떤 말도 할 수가 없었습니다. 곧이어 수화기는 어머니께 전해졌고 어머니도 존댓말로 물으셨습니다. 묻고 싶던 많은 말들이 어디로 사라졌는지 입 밖으로 꺼낼 수가 없었습니다.

"스님, 한국은 잊고 정진하세요."

"아... 네..."

사무실에서 숙소로 돌아가는 발걸음은 무거웠습니다. 부모님께서는 내가 남겨 둔 세상을 잊고 수행에 전념해야 한다는 사실을 일깨워 주셨습니다. 수행처를 떠나 그리워하거나 의지할 곳은 없었습니다. 바로 이곳 마하시 위빠사나 수행처가 지금 내가 의지할 유일한 곳이었습니다.

마하시 위빠사나 수행처를 생각하면 아침 공양 가는 길이 떠오릅니다. 새벽 5시가 되면 좌선을 마치고 아침식사를 위해 공양간까지 행선을 합니다. 오른발이 바닥에 닿으면 오른발이라고 알아차리고, 왼발이 바닥에 닿으면 왼발이라고 알아차리며 아직 어둠이 내려앉은 길을 희미한 가로등 불빛에 의지해 걷습니다.

그런데 뭔가 이상했습니다. 멀찍이 떨어져 있음에도 불구하고, 내가 걸어가면 반대편에 오는 사람들이 발길을 멈춥니다. 그리고 내가 지나가면 그들은 다시 걷기 시작합니다. 멀리 있든 가까이 있든, 남자든 여자든, 한 명이든 여러 명이든 반대편에서 오는 재가 수행자들은 모두 발걸음을 멈추었습니다. 이상한 것은 아침 공양을 가는 길에만 멈춘다는 것이었습니다.

혹시 내가 모르는 규칙이 있는 것은 아닐까? 스스로는 답을 얻지 못하고 스님께 여쭈었습니다.

"스님, 제가 아침에 걸어가면 사람들이 멈추어 섭니다. 그 이유가 무엇인가요?"

스님은 미소를 머금고 대답하셨습니다.

"내일 아침에는 네 그림자를 살펴보거라."

그랬습니다. 재가 수행자들은 가로등 불빛에 드리워진 내 그림자를 밟지 않기 위해 멈춰서 기다린 것입니다. 아니, 내가 아니라 가사를 입은 비구의 그림자를 밟지 않기 위해 멈춰서 기다린 것입니다. 가사는 승가(僧伽)의 상징입니다. 삼보(三寶)에 대한 귀의는 수행의 첫걸음과도 같습니다. 그들은 스님의 그림자도 밟지 않았습니다. 그들은 수행자를 말없이 지지해 주고 있었습니다.

1

불교수행의 대명사,
마하시 위빠사나

위빠사나라고 하면 마하시를 떠올릴 만큼 마하시 위빠사나는 위빠사나 수행의 대명사이다. 학승이자 수행승으로 뛰어난 능력을 지녔던 마하시 사야도의 역량이 고스란히 담겨 있는 마하시 수행법은 오랜 전통의 불교수행을 현대적으로 재해석한 수행법이다. 붓다의 가르침과 『청정도론』을 기준으로 기존의 상좌부 수행 전통을 고수하고자 노력했으며, 분리와 분석이라는 전통적 사고를 활용하여 몸을 시작으로 마음까지 관찰하고자 만들어진 수행법이다.

마하시 위빠사나에서는 장애를 극복하기 위해서 수용과 직면하는 방법을 활용한다. 또한 수행의 시작에서 명칭을 붙여서 주시의 능력을 키우는 방법은 초보자의 집중을 돕기 위해 사마타적 요소를

있는 그대로

가져온 마하시 사야도의 배려로 보인다. 간혹 배를 보는 수행이라 제한하여 설명하는 경우도 있는데, 본 수행법을 이해하지 못한 평가로 보인다. 마하시 사야도의 뛰어난 역량과 불교문화부흥운동이라는 사회적 환경이 함께 어울려 불교수행문화의 꽃을 피운 수행법이라 볼 수 있다.

미얀마의 수도 양곤에 위치한 마하시 수행센터는 세계적인 위빠사나 수행처이다. 1997년 필자가 처음 방문한 이후 지금까지 많은 변화가 있었지만, 여전히 많은 수행자가 찾는 상좌부불교수행의 메카이다. 현지인은 물론 전 세계에서 찾아오는 수행자들로 수행의 열기를 느낄 수 있으며, 불교수행이 전 세계에 얼마나 많은 영향을 미치고 있는지 새삼 확인할 수 있는 곳이기도 하다.

마하시 수행센터는 마하시 사야도(Mahasi Sayadaw, 1904~1982)를 초대 법사로 모시고 '붓다 사사나 눅가하 협회(BSNO)'와 정부의 지원에 의해 1950년 설립되었다. 2만 5천여 평의 대지 위에 수행 홀, 식당, 숙소, 법당, 기념관 등 100여 채의 다양한 건물이 있어 3000여 명의 수행자들이 머무를 수 있다. 한 번은 미얀마의 설날인 띤잔 기간에 마하시 수행센터에 방문했는데, 4000여 명의 수행자들이 입실해 센터는 온통 수행자들로 가득했다.

마하시 위빠사나 수행센터는 수행자들을 위해 전폭적인 지원을 아끼지 않고 있다. 특히 집중 수행을 위해 센터에 머물 경우, 숙소뿐

위: 마하시 사야도 기념관. 입구에는 마하시를 상징하는 큰북의 문양이 새겨져 있다.

아래 왼쪽: 센터 안에서 바라본 마하시 명상센터의 정문. 전 세계에서 수많은 수행자들이 이곳을 찾는다.

아래 오른쪽: 법납 순으로 줄을 서 공양하러 가는 스님들. 수행홀에서 공양간으로 갈 때도 행선을 통해 알아차림을 유지한다.

마하시 위빠사나 수행센터(Mahasi Meditation Centre)

add: 16, Sasana Yeiktha Rd., Bahan Township, Yangon, Myanmar
tel: (01)545-918, 541-971, fax: (01)545-918
e-mail: mahasi-ygn@mptmail.net.mm, mahasi.meditationcenter@gmail.com
www.mahasi.org.mm

만 아니라 식사, 생필품 등을 제공한다. 전 세계에서 몰려드는 수행자들이 수행에만 전념할 수 있도록 체계적인 수행 지도 프로그램도 갖추고 있다. 또한 효과적인 교육을 위해 첨단 시설을 늘리고 있다. 올해(2019년) 센터를 방문했을 때에는 천장형 에어컨이 설치된 대형 강당에 시청각실과 강의실까지 갖추고 있었다.

1. 마하시 위빠사나의 특징과 체제

마하시 위빠사나의 수행법은 크게 앉아서 하는 좌선과 걸으면서 하는 행선으로 구분되어 있다. 좌선은 호흡을 통한 배의 움직임을 관찰하는 것을 기본으로 한다. 그리고 행선은 걸으며 느껴지는 발목 아래의 느낌을 중심으로 시작하며, 몸의 모든 움직임에 대한 관찰로 확대할 수 있다. 이 두 가지 수행법이 수행 일정의 대부분을 차지하고 있다.

수행센터의 프로그램에 의하면 좌선이 9시간, 행선이 7시간으로 통틀어 16시간 정도를 수행에 매진하도록 되어 있다. 하지만 실제의 수행은 여기에서 그치지 않는다. 수행자에게는 어느 특정의 자세뿐만 아니라 먹고, 마시고, 입고, 눕고, 구부리고, 대소변을 보고, 빨래를 하거나 씻는 등 모든 몸과 마음의 작용이 주시의 대상이 되기 때문이다. 따라서 수행자는 수행 홀에서 이뤄지는 정해진 수행 시간뿐만 아니라 개인 처소에 돌아와 쉬는 시간에도 주시를 놓쳐서는 안 된다. 수행센터에 있는 동안에는 오로지 수행에만 전념해야 한다.

마하시 위빠사나 수행센터가 전 세계적으로 사랑을 받는 것은 체계적인 지도 시스템이 한몫을 하고 있다. 수행의 효과를 높이기 위한 체계적인 수행 일정, 수행자들이 함께 진행하는 그룹 수행, 수행후 이어지는 지도자와의 인터뷰, 수행의 방향을 잡아주는 사야도의 법문 등 잘 짜인 프로그램은 수행자들의 수행을 돕는 데 큰 힘이 되고 있다.

수행 효과를 높여주는 체계적인 수행 일정

수행 홀 입구에는 수행자들의 하루 일과가 적혀 있는 수행 일정표가 붙어 있다. 모처럼 마음먹고 들어온 수행자들이 제대로 된 수행 효과를 얻을 수 있도록 오랜 경험과 노하우를 녹여 짠 일정표이다. 잠에서 깨서 잠자리에 들 때까지 모든 시간이 수행과 연결되어 있다. 그룹으로 진행되는 수행 홀에서의 수행은 새벽 4시부터 시작해 밤 9시까지 이어지지만, 개인 처소에서의 일정까지 합하면 4시간의 취침 시간을 빼고 20시간 가까이 수행에 매진하도록 일정을 잡아놓았다.

식사는 아침과 점심 두 번으로 제한되며 오후에는 주스나 차를 제외한 음식은 먹을 수 없다. 철저하게 오후 불식을 지킨다. 자유 시간에는 빨래를 하거나 목욕을 하는 등 개인 일정을 소화하는데,

이때도 수행의 연장선상에서 알아차림을 유지해야 한다.

오랜만에 다시 들른 마하시 수행센터에 붙어 있는 수행 일정표를 살펴보니 처음 이곳을 찾았을 때의 일이 어제 일처럼 눈앞에 펼쳐

◎마하시 수행센터의 수행 일정표◎

시간	일정 계획	장소
3:00 ~ 4:00 am	기상, 씻기	개인 처소
4:00 ~ 5:00	그룹 좌선	수행 홀
5:00 ~ 6:00	행선과 아침 공양	공양간
6:00 ~ 7:00	그룹 좌선	수행 홀
7:00 ~ 8:00	행선	수행 홀
8:00 ~ 9:00	그룹 좌선	수행 홀
9:00 ~ 11:00	점심 공양, 목욕, 자유 시간	공양간, 개인 처소
11:00 ~ 12:00	행선	각자 편리한 장소
12:00 ~ 1:00 pm	그룹 좌선	수행 홀
1:00 ~ 2:00	행선	수행 홀
2:00 ~ 3:00	그룹 좌선	수행 홀
3:00 ~ 4:00	행선 [인터뷰]	수행 홀
4:00 ~ 5:00	그룹 좌선 [인터뷰]	수행 홀
5:00 ~ 6:00	행선, 목욕, 티타임	개인 처소
6:00 ~ 7:00	그룹 좌선	수행 홀
7:00 ~ 8:00	행선	수행 홀
8:00 ~ 9:00	그룹 좌선	수행 홀
9:00 ~ 10:00	행선	개인 처소
10:00 ~ 11:00	좌선	개인 처소
11:00 ~ 3:00	취침	개인 처소

있는 그대로

진다. 언제 어디서든 주시하려고 부단히도 노력했었다. 배정받았던 방의 스위치, 주전자, 컵, 옷걸이, 의자 등 손이 닿는 곳은 모두 '주시'라는 쪽지를 붙여놓고, 손이 닿을 때마다 닿는 느낌을 놓치지 않으려 했다. 주시가 익숙해지면 '주시'라고 붙였던 쪽지를 떼고 '의도'라는 쪽지를 붙여, 몸의 행위 이전에 의도가 선행함을 보고자 했다. 이처럼 마하시 사야도의 수행 체계는 좌선과 행선을 기본 자리로 시작할 뿐만 아니라, 몸과 마음에서 일어나는 모든 현저한 현상들을 대상으로 삼고 있다.

수행 홀에서 이뤄지는 그룹 수행

수행 홀에서 진행되는 좌선과 행선은 수행에 참가한 모든 사람이 함께하도록 되어 있다. 다만 성별에 따라 수행 홀이 다르다. 남성 수행자는 남성 수행 홀에서, 여성 수행자는 여성 수행 홀에서 함께 모여 새벽부터 밤늦게까지 좌선과 행선을 번갈아가며 진행한다. 특별한 이유가 없는 한 수행처에 들어온 모든 수행자는 같은 시간에 함께 수행하는 그룹 수행을 원칙으로 한다.

수행은 어느 누구도 대신해 줄 수 없는 자신과의 싸움이다. 외로운 수행을 도반과 함께할 수 있다는 것은 수행자에게는 커다란 행복이다. 때로는 경쟁 상대가 되기도 하고, 때로는 어려움을 함께 견디게 해 주는 힘이 된다. 하루 12시간 이상 지속되는 그룹 수행에 게으름이란 장애는 피어오르기 마련이다. 이럴 때 열심히 수행하는 도반의 모습을 보며 마음과 자세를 다잡게 된다. 필자 역시 도반이 커다란 힘이 되었다. 수행에 꾀가 나거나 힘들 때 실눈을 뜨고 옆을 보면, 열반에 들었는지 졸음에 빠졌는지 알 수 없는 도반이 묵묵히 자리를 지키고 앉아 있다. 이 순간 나도 모르게 정신을 차리게 된다. 다리가 저려 일어설까 하다가도 옆에 앉은 도반에 방해가 될까 조금 더 참다 보면 그 힘든 시간을 이겨 내게 된다. 이것이 그룹 수행의 힘이다.

인터뷰와 법문

마하시 위빠사나가 세계적인 명성을 얻게 된 결정적인 이유 중 하나는 인터뷰이다. 수행자들은 자신이 수행 중에 경험한 것을 수행 지도자에게 보고하도록 되어 있다. 수행자는 이 과정을 통해 자신이 바르게 수행하고 있는지, 더 발전하기 위해서는 어떻게 해야 하는지, 또 나타나는 수행의 장애들은 어떻게 극복하는지 알게 된다. 무엇보다도 자신의 경험을 스승으로부터 확인받음으로써 불안이 해소되고 자신감을 얻게 된다. 물론 수행에 성실하지 않은 수행자들은 인터뷰를 통해 꾸중을 듣기도 하기에 인터뷰는 수행의 지침뿐만 아니라 정진의 매개체가 되기도 한다.

그런데 최근에 방문해 보니 한국 수행자를 위한 인터뷰가 이틀에 한 번에서, 일주일에 두 번으로 줄어들었고, 빠지는 경우도 많았다. 인터뷰를 통한 수행자의 지속적인 관리가 마하시 수행센터가 가지고 있는 장점 중에 하나임을 고려해 볼 때, 인터뷰가 줄어든 것은 많은 아쉬움을 남긴다.

필자는 우 와사와 사야도(U Vasava Sayadaw)와 우 자띨라 사야도(U Jatila Sayadaw)로부터 지도를 받았다. 두 분께 모두 지도를 받아 본 입장에서 살펴보면, 우 와사와 스님은 아버지 같은 느낌에 가깝다. 때론 무섭고 예리하지만 섬세한 지적으로 수행자를 이끌어 주셨다. 그리고 우 자띨라 스님은 어머니 같은 느낌이다. 너그럽고 자애로운 분위기에서 수행을 지도하셨다. 하지만 안타깝게도 현재 우 자띨라 사야도는 입적하셨고, 우 와사야 사야도의 건강도 좋지 못해 일선에서 물러나 계시다.

마하시 위빠사나 수행에서 사야도(큰스님)의 법문 역시 빼놓을 수 없는 중요한 교육 프로그램이다. 일요일에 한 번, 성별에 상관없이 외국인 수행자들이 모두 한자리에 모이는 시간이기도 하다. 이 시간 역시 꼭 참석해야 하는데 불교의 교리와 수행에 대한 전반적인 법문을 듣고, 자유롭게 묻거나 자신의 생각을 말할 수 있다. 일주일 내내 자신의 안을 바라보고 있었다면, 법문 시간은 귀를 열고 외부

———

학승이자 수행승으로 뛰어난 능력을 지녔던 마하시 사야도의 역량이 고스란히 담겨 있는 마하시 위빠사나 수행법은 오늘날 가장 널리 알려진 수행법이다. 서양에도 소개되어 심리치료 방법으로도 활용되면서 불교 수행법에 머물지 않고 명상(mindfulness)이란 이름으로 재탄생되었다.

의 대상에 마음을 둘 수 있는 시간이다. 특히 사야도로부터 붓다의 가르침과 수행의 성공적 사례들을 듣고 나면, 다시 피어오르는 환희심에 지쳤던 몸과 마음에 힘이 솟기도 한다.

이러한 체계적인 지도 과정을 통해 수행자들은 위빠사나 수행을 보다 정확히 실천해 나아갈 수 있게 된다. 재가 수행자들은 그룹 수행, 인터뷰, 그리고 법문 이외의 어떠한 불교적 의식에도 참여할 의무가 없다. 따라서 센터 내에서는 다른 종교를 가진 위빠사나 수행자들도 여럿 만날 수 있다. 출가자의 경우도 포살일을 제외하고는 어떠한 의식에도 참여할 필요가 없다. 단지 자신에게만 집중하면 되는 것이다.

이 같은 마하시 사야도의 지도 방법은 출가자뿐만 아니라 재가자들도 쉽게 접근할 수 있는 기회를 제공했다. 뿐만 아니라 수행을 일반 생활에 적용하는 데 크게 기여함으로써 대중적으로 널리 퍼지게 되었다. 미얀마 내에 여러 센터를 만들었고, 세계의 수많은 분원들이 생겨났다. 현재는 헤아리기 어려울 정도로 많은 곳에서 마하시 사야도의 방식으로 위빠사나 수행을 진행하고 있다. 우리나라 역시 많은 마하시 위빠사나 수행 공간이 생겼고, 많은 수행자들이 지금 이 순간에도 정진하고 있다. 또한 마하시의 주시를 이용하는 수행법은 종교를 떠나 의료와 심리 치료의 도구로 발전하기에 이르렀다.

2

마하시 위빠사나의
기본 수행법

그럼 이제 본격적으로 마하시의 위빠사나 수행 방법에 대해 알아보자. 마하시 위빠사나 수행은 크게 5가지로 구분될 수 있다. 앉아서 하는 수행(좌선), 걸으면서 하는 수행(행선), 서서하는 수행(주선), 누워서 하는 수행(와선) 그리고 모든 동작을 통한 일상생활에서의 수행(생활선)이다. 수행자는 앉아서 하는 수행과 걸으며 하는 수행을 주로 하고, 서서 하는 수행과 누워서 하는 수행은 보조적으로 한다. 그리고 이러한 과정을 통해 계발된 수행의 힘을 일상생활에까지 확장시킨다. 그렇다면 이들 수행법은 어떻게 진행해야 하는지 구체적으로 살펴보자.

있는 그대로

1. 앉아서 하는 수행(坐禪)

앉아서 하는 수행은 모든 수행의 기본이다. 위빠사나 역시 앉아서 하는 수행을 중심으로 진행된다. 앉아서 하는 수행의 핵심은 호흡을 통해 움직이는 배의 느낌을 주시하여 알아차리는 것이다. 배의 움직임이라는 현상과 움직이는 과정에서 느껴지는 모든 것을 놓치지 않고 주시할 수 있도록 노력해야 한다. 이것이 앉아서 하는 수행의 기본이다.

수행처 안에서 앉아서 하는 수행은 1회 1시간을 기본으로 한다. 특별한 경우가 아니라면 1시간을 넘지 않도록 한다. 그런데 1시간을 앉아 있으려면 최대한 몸의 긴장을 초래하지 않는 자세를 유지하는 것이 중요하다. 앉아서 하는 수행의 시작은 바른 자세를 갖추는 것이다. 자세가 불편하면 몸이 긴장하게 되고, 몸이 긴장되면 마음 역시 긴장되어 수행이 힘들어지기 때문이다. 초보 수행자의 경우, 앉는 방법, 손의 위치, 앉은 자세, 얼굴과 턱의 위치가 어색하기도 하고 힘들 수도 있다. 하지만 오랜 시간 수행을 이어가려면 기본적인 자세가 중요하기 때문에 처음에 제대로 익히는 것이 좋다.

좌선의 기본자세

앉는 방법: 좌선을 할 때 앉는 방법은 크게 3가지이다. 다리를 어떻게 놓는가에 따라 가부좌, 반가부좌, 평좌로 나눌 수 있다. 수행자는 한쪽 발을 다른 쪽 넓적다리 위에 놓고, 다른 쪽 발을 다른 쪽 넓적다리 위에 올려놓는 가부좌〔그림 ①〕나 한쪽 다리를 구부려 다른 쪽 다리 위에 올려놓는 반가부좌〔그림 ②〕 또는 반가부좌의 자세

◎앉는 방법◎

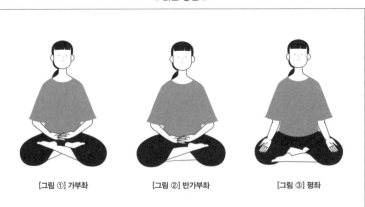

[그림 ①] 가부좌   [그림 ②] 반가부좌   [그림 ③] 평좌

앉을 때는 다리와 지면이 많이 닿는 게 안정적이다. 세 가지 앉는 방법 가운데 자신에게 가장 편한 방법을 택하면 된다.

있는 그대로

에서 위에 얹은 다리를 바닥에 편안하게 내려놓아 평좌로 앉아도 좋다[그림 ③]. 두 다리는 편하게 취하는 것이 좋다. 가능하면 다리와 지면이 많이 닿는 게 안정적이다. 경우에 따라서는 무릎이 들려서 앉는 자세가 어려운 사람도 있다. 이럴 때는 작은 쿠션이나 방석을 접어, 들린 무릎 밑을 받치는 것도 방법이다. 바닥에 앉는 것이 도저히 불가능한 경우는 의자에 앉아 수행할 수도 있다.

바른 자세: 얼굴은 정면을 향한 상태에서 턱을 약간 아래쪽으로 당겨 준다. 눈은 가볍게 감고 입 역시 자연스럽게 다문다. 목과 등은 반듯하게 펴되, 억지로 힘을 주어 바른 자세를 유지하려고 애쓸

◎바른 자세◎

[그림 ④] [그림 ⑤]

목과 등을 반듯하게 펴되, 허리는 앞쪽으로 약간 밀고, 엉덩이를 약간 뒤로 빼면 안정된 자세가 된다. 방석을 접어 엉덩이 부분을 살짝 높여 주면 허리를 세워 앉는 데 도움이 된다.

[그림 ⑥]

편안히 앉은 상태에서 두 손을 양발
위에 겹치게 올려놓는다.

[그림 ⑦]

무릎 위에 손등이나 손바닥이 보이
도록 편안하게 올려놓는다.

◎손의 위치◎

필요는 없다〔그림 ④〕. 자칫 몸이 긴장될 수 있다. 이때 허리는 앞쪽
으로 약간 밀고, 엉덩이를 약간 뒤로 빼면 안정된 자세가 된다. 방
석을 접어 엉덩이 부분을 살짝 높여 주는 것도 허리를 세워 앉는 데
도움을 준다〔그림 ⑤〕. 이처럼 앉아서 하는 수행을 위해 수행자는 어
떤 형식에 얽매인 자세를 고수하기보다 스스로 편안하고 바른 자세
를 취하는 것이 중요하다.

손의 위치: 다리와 자세를 제대로 잡았으면, 이번에는 손의 위치
를 잡는다. 손의 위치 역시 다리처럼 특별히 정해진 것은 없다. 왼
손(오른손)을 모아진 양발 위에 손바닥이 위를 향하도록 놓고, 오른

손(왼손)을 손바닥이 위로 향하도록 하여 그 위에 가볍게 얹든지〔그림 ⑥〕, 양손을 양쪽 무릎 위에 손바닥 혹은 손등을 위로 하여 가볍게 놓는다〔그림 ⑦〕. 본인이 편한 쪽으로 택하면 된다. 다만 어깨에 무리가 가지 않도록 편안한 곳에 손을 놓아 신경이 분산되지 않도록 한다. 간혹 엄지와 엄지를 붙이거나, 엄지와 검지를 붙이는 등의 손 모양을 고집하는 사람이 있는데, 오랜 시간 수행하는 데 방해가 될 수 있으므로 삼간다.

좌선의 핵심 포인트, 배의 움직임 관찰과 이름 붙이기

이 자세에서 조용히 눈을 감고 몸을 살펴보면 호흡에 의하여 숨이 들어오고 나가는 것을 알 수 있다. 그리고 이 과정에서 배가 스스로 움직이고 있는 것 역시 알 수 있을 것이다. 숨을 들이쉬면 배가 나오고 숨을 내쉬면 배가 들어간다. 호흡을 통해 움직이는 배의 느낌을 주시하여 알아차리는 것이 앉아서 하는 수행의 핵심이다. 수행자는 배가 나올 때 '일어남'〔부풂〕이라고 마음속으로 이름 붙이면서 배의 움직임을 주시하고, 배가 들어갈 때 '사라짐'〔꺼짐〕이라고 마음속으로 이름 붙이면서 배의 움직임을 주시한다.

간혹 좌선을 알리는 소리와 함께 배의 움직임을 주시하려는 수행자가 있는데, 너무 서두를 필요는 없다. 한 시간 동안 좌선을 하는 데, 몇 분 더 빨리 시작한다고 좋은 결과를 낳는 것도 아니다. 오히려 잘하려는 욕심에 수행이 힘들어질 수도 있다. 따라서 좌선이 시작되면 몸이 긴장되지는 않았는지, 마음이 조급하지는 않은지 살피며 몸과 마음을 충분히 이완시킨다. 그런 다음 배의 움직임으로 마음을 보내도 늦지 않다.

만약, 배의 움직임이 명확하게 느껴지지 않을 때는 손바닥을 배에 가볍게 대고 주시한다. 그러면 호흡의 드나듦에 따라 오르내리는 배의 움직임이 손바닥을 통하여 분명하게 전달될 것이다. 어느 정도 배의 움직임이 명확해지면 손은 다시 원위치에 놓는다.

이때 수행자가 배의 움직임을 분명히 느끼기 위해 힘을 주거나 호흡을 조작해서는 안 된다. 너무 빠르게 하거나 느리게, 혹은 너무 강하게 하거나 약하게 하면 몸에 무리가 온다. 가슴이 답답해지거나 어지러움 등 여러 가지 부담을 느낄 뿐만 아니라 쉽게 피곤해질 수 있다. 호흡은 가능한 자연스럽게 하는 것이 중요하다. 하지만 처음에는 배의 움직임을 주시하고자 하는 마음이 강하기 마련이므로 배에 힘이 들어가곤 한다. 그럼에도 불구하고 수행자는 일상처럼 자연스럽게 호흡할 수 있도록 노력해야 한다.

여기에서 잊지 말아야 할 것이 있다. 배의 움직임을 주시한다고 해서 단전호흡이나 복식호흡을 하는 것이 아니다. 처음에는 쉽지 않겠지만 호흡을 인위적으로 만들지 않아야 한다. 길면 긴 대로 짧으면 짧은 대로, 숨이 쉬어지는 대로 자연스럽게 호흡하는 것이 중요하다.

혹시 배에 힘이 들어가고 가슴이 답답해지면 주시를 잠시 멈추고 자연스러운 호흡이 일어나고 사라질 때까지 기다려 보는 것도 방법이다. 손을 배에 갖다 대는 것도 방법이 될 수 있다. 자연스러운 호흡으로 인해 배의 움직임이 일어나고 사라지면 다시 주시를 가동한다.

이러한 과정의 반복을 통해 수행자는 움직임의 실제 모습에 가까이 다가갈 수 있다. 배의 움직임이라는 현상과 움직이는 과정에서 느껴지는 모든 것을 놓치지 않고 주시할 수 있도록 노력해야 한다. 이것이 앉아서 하는 수행의 기본이다.

주시 위치와 주시 대상

어떤 수행자는 배보다는 코를 통해 호흡이 느껴진다고 말하기도 한다. 물론 코를 통해 들숨과 날숨을 주시하는 것(入出息念)은 불교의 전통적인 수행법이다. 이는 수행자의 집중력을 발전시키고 고요함을 이루는 데 뛰어난 방법이다. 하지만 본 수행에서 중요한 것은 가능한 많은 느낌을 주시하여 알아차리는 것이다. 따라서 제한된 코의 영역보다는 배가 효과적이라 볼 수 있다.

코를 통해 호흡에 집중하는 방법이 익숙한 사람은 배의 움직임을 관찰하는 것이 불편할지 모르지만 시도해 보기를 권한다. 머지않아 몸의 부위에 상관없이 기존에 발전시킨 집중력이 효과를 발휘할 것이다. 만약 배를 대상으로 하는 것이 어렵다면 코 주변을 통해 얻은 집중력으로 배의 움직임을 본다고 생각해 보는 것도 방법이다. 코를 통한 집중으로 몸이 고요해지면 주시의 대상을 배로 내려 보는 것도 방법이다. 수행의 시작에서 코냐 배냐는 민감한 위치지만, 결국 수행자에게 필요한 것은 주시와 집중의 힘이다.

호흡을 통한 배의 움직임을 관찰하는 방법은 마하시만의 독특한 방법이다. 마하시는 이 좌선의 기본 자리를 호흡 자체보다는 사

◎주시의 대상◎

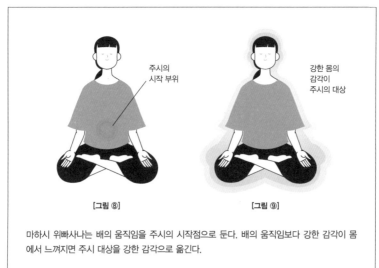

마하시 위빠사나는 배의 움직임을 주시의 시작점으로 둔다. 배의 움직임보다 강한 감각이 몸에서 느껴지면 주시 대상을 강한 감각으로 옮긴다.

대(四大, 地水火風)의 관찰 중에 풍대(風大)에 주시하는 방법이라 설명하기도 한다. 풍대는 움직임과 힘을 의미한다. 수행자는 호흡으로 배의 팽창과 수축이라는 움직임을 경험할 수 있다. 풍대에는 상승하는 바람과 하강하는 바람이 있다. 그리고 호흡도 풍대의 일부이기에 결국 마하시의 기본 자리는 입출식념과 사대 수행의 복합적 위치라고 볼 수 있다. 배라고 하는 위치는 독특하나 풍대는 불교수행의 전통에서 벗어나는 대상이 아니다. 결과적으로 오늘날의 많은 수행처들이 이 방법을 선호하고 있다. 배의 움직임을 주시하는 방법은 새로운 위빠사나의 전통으로 자리를 잡았다.

◎ 전면에 대한 두 가지 해석

초기경전에 실려 있는 「마하사띠빳타나숫따(大念處經)」는 호흡에 대한 주시 방법을 '전면(parimukha, 빠리무카)에 주시를 확립하고서, 주시하면서 들이쉬고 주시하면서 내쉰다'라고 설명하고 있다. 여기에서 '전면'이라는 것은 두 가지로 해석될 수 있는데 하나는 '입 주변'이고 다른 하나는 얼굴의 앞을 말하는 '전면(前面)'이다. 왜냐하면 '빠리(pari)'는 '주변', '무카(mukha)'는 '입', '얼굴' 등의 뜻이 있기 때문이다. 결국 '무카'를 어떻게 해석하느냐에 따라 호흡의 주시 위치가 바뀌는 것이다.

전통적으로는 '입 주변'으로 해석을 했기에 호흡을 주시하는 수행에서 윗입술이나 콧구멍을 주시한 것이 사실이다. 하지만 '전면'

앉아서 하는 수행의 핵심은 호흡을 통해 움직이는 배의 느낌을 주시하여 알아차리는 것이다. 배의 움직이라는 현상과 움직이는 과정에서 느껴지는 모든 것을 놓치지 않고 주시할 수 있도록 노력해야 한다.

으로 해석하는 경우는 호흡하는 과정에서 나타나는 현저한 대상으로 이해될 수 있다. 참고로 초기경전 안에서 '전면'의 주시는 호흡수행에서만 언급되는 표현이 아니라 다른 수행 앞에서도 나타난다. 따라서 호흡수행에만 국한된 표현이 아니다.* 다시 말해, 경전을 어떻게 해석하느냐에 따라 호흡 주시의 위치에 대한 입장이 달라질 수 있다. 수행자는 가능한 교리적인 고민은 내려놓고 대상을 주시하는 데 전념하는 것이 현명하다.

앉아서 하는 수행을 끝내고 일어설 때는 급하게 일어나는 것이 아니라 주시를 유지해야 한다. 내적으로 모아졌던 마음이 몸의 외적 동작으로 확대되는 시점이다. 수행자는 먼저 일어서려는 의도를 '일어서려 함' 하면서 주시하고, 일어서는 과정에 하나하나 걸맞은 이름을 붙여 손을 '듦', 다리를 '폄', '일어섬' 등으로 몸의 움직임을 주시한다. 수행자는 자신의 동작 하나하나까지도 놓치지 않고 주시할 수 있도록 노력해야 한다. 이러한 관찰은 걸으면서 하는 수행으로 이어진다.

---

* 정준영, 「호흡명상의 실천방법에 대한 재고: 초기불교와 상좌부불교의 입출식념을 중심으로」『명상심리상담학회』 제12집, (한국명상심리상담학회, 2014)

one point lesson

* 앉아서 하는 수행법 *

앉아서 하는 수행의 핵심은 호흡을 통해 움직이는 배의 느낌을 주시하여 알아차리는 것이다. 배의 움직임이라는 현상과 움직이는 과정에서 느껴지는 모든 것을 놓치지 않고 주시할 수 있도록 노력해야 한다.

앉는 자세

[그림 ①] 가부좌   [그림 ②] 반가부좌   [그림 ③] 평좌

가부좌[그림 ①], 반가부좌[그림 ②], 평좌[그림 ③] 가운데 편안한 자세로 앉는다. 무릎이 들릴 때는 작은 쿠션이나 방석을 접어, 들린 무릎 밑을 받친다. 바닥에 앉는 것이 힘들면 의자에 앉아 수행할 수도 있다.

바른 자세

[그림 ④]   [그림 ⑤]

얼굴은 정면을 향한 상태에서 턱을 약간 아래쪽으로 당겨 준다. 눈은 가볍게 감고 입 역시 자연스럽게 다문다. 목과 등은 반듯하게 펴되, 억지로 바른 자세를 유지하려고 애쓸 필요는 없다. 이때 허리는 앞쪽으로 약간 밀고, 엉덩이를 약간 뒤로 빼면 안정된 자세가 된다.

손의
위치

[그림 ⑥]   [그림 ⑦]

양발 위에 손바닥이 위를 향하도록 놓든지[그림 ⑥], 양손을 양쪽 무릎 위에 손바닥 혹은 손등을 위로 하여 가볍게 놓는다[그림 ⑦].

―좌선의 핵심 포인트, 배의 움직임 관찰과 이름 붙이기

조용히 눈을 감고 몸을 살펴보면 호흡에 의하여 숨이 들어오고 나가는 것을 알 수 있다. 숨을 들이쉬면 배가 나오고 숨을 내쉬면 배가 들어간다. 수행자는 배가 나올 때 '일어남'[부품]이라고 마음속으로 이름 붙이면서 배의 움직임을 주시하고, 배가 들어갈 때 '사라짐'[꺼짐]이라고 마음속으로 이름 붙이면서 배의 움직임을 주시한다[그림 ⑧]. 배의 움직임이 명확하게 느껴지지 않을 때는 손바닥을 배에 가볍게 대고 주시한다. 어느 정도 배의 움직임이 명확해지면 손은 다시 원위치에 놓는다.

배의 움직임을 주시하다가[그림 ⑧] 배의 움직임보다 강한 감각이 몸에서 느껴지면 주시 대상을 강한 감각으로 옮긴다[그림 ⑨]. 이때도 감각에 걸맞은 이름을 붙여준다. 예를 들어 통증이 강하게 느껴지면 '통증, 통증, 통증'이라고 이름 붙이고, 저리면 '저림, 저림, 저림'이라고 이름 붙여 대상과 거리 두기를 한다.

[그림 ⑧]   [그림 ⑨]

주의할 점: 앉아서 하는 수행을 끝내고 일어설 때도 주시를 유지해야 한다. 먼저 일어서려는 의도를 '일어서려 함' 하면서 주시하고, 일어서는 과정에 하나하나 걸맞은 이름을 붙여 손을 '듦', 다리를 '폄', '일어섬' 등으로 몸의 움직임을 주시한다. 수행자는 자신의 동작 하나하나까지도 놓치지 않고 주시할 수 있도록 노력해야 한다.

2. 걸으며 하는 수행(行禪)

걸으면서 하는 수행은 매우 중요할뿐더러 각별한 의미를 지닌다. 불교수행이 정적인 좌선뿐만 아니라, 동적인 여러 움직임을 통해서도 이행된다는 사실을 행선으로 확인할 수 있기 때문이다. 수행자는 걸으면서 그때그때 마음 모으는 훈련을 통해, 산만하던 마음을 조절하는 힘을 키운다. 이처럼 걸으면서 하는 수행은 좌선의 예비수행이 될 뿐만 아니라, 주시의 영역을 넓혀 준다. 위빠사나가 생활수행으로 확장되는 이유가 바로 여기에 있다.

행선의 기본자세와 기본 동작

바른 자세: 좌선 못지않게 행선에서의 자세도 중요하다. 수행자는 머리를 숙이지 않고 턱을 들어 허리를 바르게 세운다. 시선은 발끝으로부터 약 3~4m 전방에 둔다[그림 ⑩]. 그러면 눈은 반쯤 감은 상태가 되고, 시야도 좁혀져 외부 자극으로부터 일정 부분 차단되

는 효과가 있다. 손은 걷는 도중에 흔들리지 않도록 앞이나 뒤로 모아 잡는다. 걷기는 가능한 평소에 걷는 것처럼 자연스럽게 걸으며, 걷는 발의 동작과 느낌에 마음을 일치시켜 주시한다. 이때 보폭이 너무 넓지 않도록 주의한다. 자칫 보폭이 너무 넓으면 걷는 도중 자세가 흐트러질 수 있다.

기본 동작: 행선의 기본 동작은 크게 세 가지로 나눌 수 있다. 첫 번째는 빠른 걸음으로 걷는 '오른발', '왼발'의 두 단계이고, 두 번째는 좀 더 천천히 걷는 '들어서, 앞으로, 놓음'의 세 단계, 그리고 세 번째는 아주 천천히 걷는 '듦, 듦, 듦', '밂, 밂, 밂', '놓음, 놓음, 놓음'의 아홉 단계이다.

◎행선의 기본자세◎

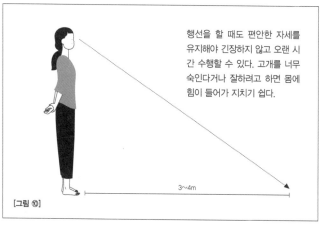

행선을 할 때도 편안한 자세를 유지해야 긴장하지 않고 오랜 시간 수행할 수 있다. 고개를 너무 숙인다거나 잘하려고 하면 몸에 힘이 들어가 지치기 쉽다.

3~4m

[그림 ⑩]

주시의 대상을 넓혀 가는 3가지 행선법

걸으며 하는 수행을 행선이라고 부른다. 행선은 자연스럽게 걷는 2단계, 천천히 걷는 3단계, 더욱 천천히 걷는 9단계로 나눌 수 있으며, 단계별로 주시의 대상을 점진적으로 늘려나가는 방식을 택하고 있다. 이러한 단계는 명칭을 붙이는 개수에 의한 구분이지, 행선의 수준을 평가하는 구분은 아니다. 단계가 올라갈수록 보폭을 좁혀 주는 것이 좋다.

수행자는 두 가지를 놓치지 않는 것이 중요하다. 하나는 발목 아래에서 느껴지는 느낌에 대한 주시를 놓치지 않도록 하는 것이다. 다른 하나는 발의 동작과 부르는 명칭을 일치시키는 것을 놓치지 않도록 하는 것이다. 이를 위해 환자처럼 천천히 힘을 빼고 걷는 것도 방법이다. 위빠사나 수행에서는 실제하는 느낌을 주시하는 것이 무엇보다 중요하다. 하지만 초보 수행자들의 주의를 모으고 망상을 줄이기 위해 이름 붙이기를 활용한다.

◎2단계 행선법

가장 기초적인 걷기 방법이다. 수행자는 자연스럽게 걸으면서 왼발을 내디디며 '왼발', 오른발을 내디디며 '오른발'이라고 마음속으로 이름 붙이면서 한 발 한 발을 주시한다[그림 ⑪]. 이때 발바닥이 닿는 감각의 알아차림과 더불어 마음속으로 붙이는 이름과 동작이

있는 그대로

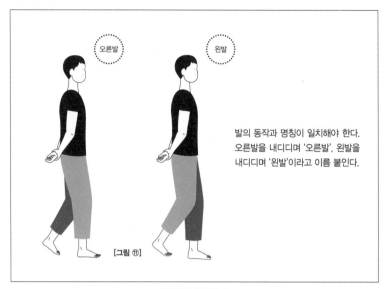

오른발

왼발

발의 동작과 명칭이 일치해야 한다.
오른발을 내디디며 '오른발', 왼발을
내디디며 '왼발'이라고 이름 붙인다.

[그림 ⑪]

◎ 2단계 행선법 ◎

일치하도록 해야 한다. 이 단계의 행선법은 일상생활에서도 적용할
수 있다. 평소에 걸을 때, 산행이나 산책을 할 때, 걷기운동이나 러
닝머신 위를 걸을 때에도 사용할 수 있다. 무엇보다도 추운 날 빙판
길을 걸을 때 도움이 될 수 있다.

◎ 3단계 행선법

　'오른발, 왼발'의 두 단계 행선법을 통해 몸과 마음이 조금 가라
앉으면 좀 더 천천히 걸으며 주시의 대상을 늘린다. 이때 사용되는
것이 '들어서, 앞으로, 놓음'의 세 단계 행선법이다[그림 ⑫]. 세 단

계로 할 때는 왼발을 '들어서, 앞으로, 놓음', 오른발을 '들어서, 앞으로, 놓음'으로 주시한다. 이때 중요한 것은 수행자가 부르는 명칭과 발의 동작이 일치하는 것이다. 마음이 발의 동작에 밀착되지 않으면 명칭과 동작이 일치하기 어렵다.

또한 발을 통하여 느껴지는 느낌에 대한 주시 역시 중요하다. 초보 수행자의 경우 가능한 발목 아래에서 느껴지는 느낌에 집중한다. 발이 바닥에서 들릴 때의 가벼움, 내려질 때의 무거움뿐만 아니라 발이 앞으로 나아갈 때의 시원함, 발바닥이 바닥에 닿아 있을 때의 단단함, 끈적임, 차가움, 따뜻함, 움직임 등의 느낌들을 놓치지 않고 면밀하게 주시한다. 다양한 느낌들이 복합적으로 빠르게 경험될 때에는 각각의 이름을 붙이기보다 분명히 아는 것이 중요하다.

문제는 걸으며 하는 수행을 할 때 망상이 일어나 주시가 쉽지 않다는 것이다. 발이 바닥에 붙어 있을 때에는 접촉에 의해 느낌을 주시하기가 수월하지만 발이 공중에 떠 있는 동안에는 느낌이 분명하지 않아 망상이 들어오기 쉽다. 주로 발이 떠 있을 때 붙이게 되는 3단계의 명칭('들어서, 앞으로, 놓음')은 망상이 들어올 틈을 줄여주는 역할을 한다.

어떤 수행자는 '들어서, 앞으로, 놓음'이라는 명칭에 의해 걷는 동작이 구식 로봇의 발걸음처럼 부자연스럽게 진행되기도 한다. 좌선을 통해 자연스러운 호흡을 강조했듯이, 행선에서도 수행자는 평소처럼 자연스럽게 걷는다. 다만 그 속도가 조금 느려지고 움직이는 동안 마음이 동작과 느낌에 밀착되어 있을 뿐이다.

만약 주시가 어려우면 관찰의 대상을 제한하는 것도 방법이다. 예를 들어 한쪽 벽에서 맞은편 벽까지 걸어갈 때 스스로 다짐하는 것이다. '저 앞의 벽에 다가갈 때까지 나는 발의 무게감 하나만큼은 놓치지 않고 알아차리겠다.' 한 가지만을 대상으로 시작하면 부담이 줄고 주시가 수월하다. 그리고 목적지에 도달하면 다시 돌아 이번에는 '저 앞의 벽에 다가갈 때까지 발바닥의 단단한 느낌 하나만큼은 놓치지 않고 알아차리겠다.' 발바닥의 단단함 관찰과 더불어

◎3단계 행선법◎

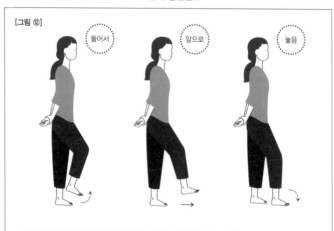

3단계 역시 명칭과 동작이 일치해야 한다. 발을 통해 느껴지는 느낌에 대한 주시도 놓치지 않도록 한다.

목적지에 도달하면 다시 돌아 이번에는 '저 앞의 벽에 다가갈 때까지 나는 발의 무게감과 발바닥의 단단함 두 가지 느낌만큼은 놓치지 않고 알아차리겠다.' 이러한 식으로 발이 공중에서 움직일 때와 바닥에 닿아 있을 때 모두를 주시한다. 점진적으로 온도, 끈적거림 등으로 주시의 대상을 늘리고 확장하는 것도 방법이다.

◎9단계 행선법

수행자가 두 단계, 세 단계를 통해 주시의 힘이 강해지면 행선은 아홉 단계로도 진행할 수 있다. 아홉 단계는 '들어서, 앞으로, 놓음'의 각각 과정을 다시 세 단계로 나누어 살피는 것이다. 수행자는 왼발을 들면서 '듦, 듦, 듦'이라고 이름 붙이며 발을 드는 동작의 시작, 중간 그리고 끝이 있음을 나누어 주시한다. 그리고 앞으로 밀면서 '밂, 밂, 밂'이라고 이름 붙이며 발을 미는 동작에도 시작, 중간, 끝이 있음을 나누어 주시하고, 끝으로 발을 내려놓으며 '놈(놓음), 놈, 놈'으로 이름 붙이며 발을 놓는 동작에도 시작, 중간, 끝이 있음을 나누어 주시한다〔그림 ⑬〕.

이 과정에서도 세 단계에서 진행했던 것처럼 발을 들 때, 내릴 때 그리고 바닥에 닿아 있을 때에 나타나는 모든 느낌을 놓치지 않고 주시해야 한다. 특히, 발이 바닥에 닿은 후부터 다시 들릴 때까지의 발에서 나타나는 느낌들도 놓치지 않고 주시하도록 노력해야 한다. 이렇게 지속하면 세 단계로 나누었던 한 번의 '듦'에도 시작, 중간,

끝이 있음을 보게 된다. 결국 모든 걸음이 일관되고 반복되는 것이 아니라, 매 순간 변화한다는 사실을 분명히 알게 된다.

아홉 단계로 걸으면서 하는 수행은 매우 천천히 진행되는 것처럼 보이지만, 사실 수행자에게 있어서는 매우 바쁜 과정 중에 하나이다. 수행자는 짧은 시간에 변화하는 동작에서 나타나는 여러 가지 대상을 주시해야 하기에 다른 곳에 마음을 둘 여유가 없다. 결국 이러한 수행은 주시의 범위를 점차 확장시킬 수 있도록 도와준다.

◎9단계 행선법◎

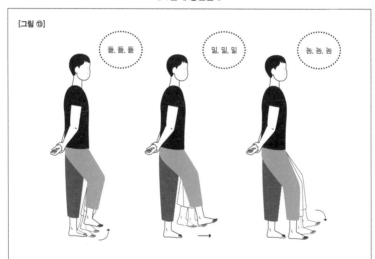

[그림 ⑬]

듦, 듦, 듦

밈, 밈, 밈

놈, 놈, 놈

아홉 단계로 걸으면서 하는 수행은 매우 천천히 진행되는 것처럼 보이지만, 사실 수행자에게 있어서는 매우 바쁜 수행 중에 하나이다.

행선의 핵심 포인트, 몸(물질)의 특징 관찰과 의도 알아차리기

수행자는 이러한 점진적인 과정을 통해 물질에 다름 아닌 몸의 특징을 알게 된다. 초기불교에서 설명하는 인간은 몸(rūpa, 물질)과 마음(nāma, 정신)으로 구성되어 있다. 그리고 더욱 세부적으로 살펴보면 이들은 오온(五蘊, pañca khandas)으로 구성되어 있는데, 몸은 색(色, rūpa)으로, 마음은 수(受, vedanā), 상(想, saññā), 행(行, saṃkhārā), 식(識, viññāṇan)으로 구성되어 있다. 이처럼 인간은 오온으로 구성되어 있으며 이들은 생성과 소멸의 과정을 반복한다. 이 책을 통하여 오온을 모두 설명하기는 어렵다. 다만 위빠사나 수행과 관련하여 걸으면서 하는 수행이 오온의 물질(몸, 色)과도 관계되어 있기에 색온(色蘊)을 중심으로 간단하게 살펴보자.

◎몸의 관찰, 지수화풍의 느낌을 경험

색온은 '지수화풍(地水火風)'의 '사대'뿐만 아니라 이에서 파생된 물질들의 모음을 말한다. 경전의 설명에 따르면 물질은 외부의 조건들로부터 영향을 받거나(S. III. 86) 변형되는 성질을 가진 것이라고 설명한다.(Vism. 443) 다시 말해, 땅(地), 물(水), 불(火), 바람(風)의 특징을 지닌 것을 물질이라고 말하며, 이렇게 형성된 한정된 공간을 '몸(肉身)'이라고 부른다. 즉, 몸이란 사대로 구성된 한정된 공간을 의미한다. 경전에 언급된 4대의 특징은 다음과 같다.*

있는 그대로

사대 중에 첫 번째인 땅의 요소(地大)는 나의 몸 안에 있는 것으로 단단하거나 견고한 특징을 지닌다. 지(地, paṭhavī)는 확장을 하거나 일정한 공간을 차지한다. 땅의 특성은 물질뿐만 아니라 감각으로도 파악된다. 예를 들어 수행자는 행선을 할 때 발을 통해서 바닥의 단단함이나 부드러움을 느낀다. 이 느낌이 땅의 요소이다. 수행자가 길을 걸으며 바람을 맞을 때, 바람의 세기가 강하여 단단하거나 약하여 부드럽다고 느끼는 것 역시 땅의 요소이다. 이처럼 지대는 몸을 구성하고 있는 요소일 뿐만 아니라 우리에게 경험되는 특성이기도 하다. 수행자는 걷는 수행을 통해 몸이 가지고 있는 특성인 땅의 요소를 경험할 수 있다.

두 번째는 물의 요소(水大)이다. 수(水, āpo)의 특성 역시 물질뿐만 아니라 감각으로도 파악된다. 물은 몸 안에 있는 수분과 유동성을 지닌 요소들을 말한다. 또한 수는 물의 특징처럼 결합력, 응집력 또는 점착성이라는 특징을 가지고 있다. 결합력은 마치 밀가루에 물을 넣으면 반죽이 되는 것과 마찬가지로 어떤 물질들을 함께 붙잡는 역할을 하여 응집하게 만드는 특성이 있다. 겨울에 건조하여 피부가 갈라지는 것도 피부에 수분이 부족하여 생기는 현상이다. 수분이 충분하다면 피부를 응집하여 잡아주기 때문에 갈라지지 않는다. 이처럼 수 역시 몸을 구성하고 있는 요소일 뿐만 아니라 우

---

* 　정준영, 「몸, 놓아야하는가 잡아야하는가」 『몸, 마음공부의 기반인가 장애인가』, (운주사, 2009)

수행자는 수행을 통해 물질에 다름 아닌 몸의 특징을 알게 된다. 물질
은 외부의 조건들로부터 영향을 받거나 변형되는 성질을 가진 것이
다. 다시 말해, 땅, 물, 불, 바람의 특징을 지닌 것을 물질이라고 말하
며, 이렇게 형성된 한정된 공간을 '몸'이라고 부른다. 즉, 몸이란 땅,
물, 불, 바람으로 구성된 한정된 공간을 의미한다.

리에게 경험되는 몸(물질)의 특성이기도 하다. 수행자는 행선을 통해 발이 바닥에 닿거나 바닥에서 떨어질 때 끈적거림 등의 점착성을 경험할 수 있다. 이 또한 물이 가지고 있는 특성이다. 그래서 가능한 수행자는 맨발로 걷는 수행을 하는 것이 좋다.

세 번째는 불의 요소(火大)이다. 초기경전은 불에 대해 온도, 늙음, 소비, 그리고 소화의 특성을 지니고 있다고 설명한다. 화(火, tejo)는 몸의 온도와 관련된 뜨거움과 차가움, 그리고 늙어감 등을 의미한다. 수행자가 행선을 할 때에 발바닥에서 느껴지는 온도의 변화 역시 화의 요소에 해당하고, 누군가 병이 들어 아플 때 체온이 오르고 내리는 것 역시 화이다. 또한 걷는 수행을 통해 소화를 돕는 것도 불의 역할이다.

마지막은 바람의 요소(風大)이다. 바람(風, vāyo)은 물질과 힘의 관계를 의미한다. 이는 마치 풍선에 바람을 넣어 팽팽하게 하는 것과 같다. 바람의 요소는 상승하는 바람과 하강하는 바람이 있다. 상승하는 바람은 몸의 움직임, 공기, 공기와 같은 것이고, 하강하는 바람은 배에서 부는 바람, 창자에서 부는 바람, 팔다리를 통해서 부는 바람, 들숨과 날숨 등을 말한다. 상승하는 바람의 요소는 재채기, 하품, 구토, 딸꾹질 등의 원인이 되기도 하고, 하강하는 바람의 요소는 대변, 소변, 창자 밖의 바람, 창자 안의 바람, 모든 팔다리를 통해 움직이는 바람 그리고 호흡관의 기본이 되는 들숨과 날숨이 있다고 설명하고 있다. 좌선(앉아서 하는 수행) 중에 배의 움직임을 주시하는 것도 풍대를 관찰하는 것이다. 행선을 통한 발의 움직임 관찰도 풍대 관찰이다.

이처럼 초기불교에서 설명하는 인간의 몸은 땅, 물, 불, 바람이라는 특징을 지니고 있다. 수행자는 행선을 통해 이러한 특징을 주시하게 된다.

◎감각의 주시에서 의도의 주시로 관찰 영역 확장

수행자는 행선을 통해 무엇보다 먼저 발목 아래에서 느껴지는 느낌을 놓치지 않고 주시해야 한다. 이것이 숙달되면 명칭과 동작이 일치하도록 노력해야 한다. 이것도 숙달되면 면밀한 주시뿐만 아니라, 행위를 하기 이전에 '의도'가 일어나는 것을 주시해야 한다. 수행자는 의도가 일어난 다음 동작하는 것을 분명히 알며, 그 과정에서 나타나는 느낌을 면밀히 주시하는 것이다.

수행자는 왼발이면 '왼발'임을 알고, 발을 들려는 '의도'가 있음을 알고, 발을 들면 '듦'을 알고, 앞으로 나아가려는 '의도'가 있음을 알고, '나아감〔옮〕'을 알고, 놓으려는 '의도'가 있음을 알고, 놓을 때 '놓음'을 알고, 발이 닿으면 '닿음'을 알며, 발과 바닥이 접촉할 때의 느낌, 체중의 중심이 옮겨질 때의 느낌 등 모든 움직임에서 오는 느낌, 그리고 움직이려는 의도까지 무엇 하나라도 놓치지 않고 주시하는 것이다.

행선 중 주의할 점과 행선의 이득

　수행자는 행선을 통해 몸이 지니고 있는 특징을 관찰할 수 있다. 하지만 이때 중요한 것은 수행자가 경험을 통하여 사대를 관찰하되 사대를 생각으로 알아차려서는 안 된다는 것이다. 수행자가 행선 중에 바닥의 단단함을 주시했다면 '단단함, 단단함'이라는 느낌을 주시하는 것으로 임무를 끝내야지, '단단하구나, 내가 지금 지대를 느끼고 있구나'라고 생각을 확장해서는 안 된다. 수행자가 자신의 경험을 교리적인 내용과 결부시킬 때, 그 순간 그는 주시의 대상을 놓치게 된다. 즉, '단단함'이 '지대'라고 생각하는 순간 수행자는 이미 주시를 놓치고 망상을 시작하는 것이다. 수행이 잘되고 안되고를 판단하는 순간 대상은 이미 놓친 것이다. 가능한 주시의 대상에만 전념하는 것, 이것이 수행자의 역할이다.

　초기경전에는 행선에 관한 이야기들이 언급되어 있다. 이 가운데 눈에 띄는 것이 수행자의 졸음을 극복하는 데 행선이 도움이 된다는 것이다. 이밖에도 붓다가 낮이고 밤이고 행선을 하였고, 비구들 역시 그룹을 지어 행선하였다고 한다. 이런 기록으로 보아 깨달음을 성취한 자도 행선을 꾸준히 실천했음을 알 수 있다.

　행선이 가져다주는 이익으로는 육체적 건강, 소화 작용 향상, 집중력 유지도 빼놓을 수 없다. 오늘날 우리는 걷기를 통해 건강을 유지하는 정도로 활용하는데, 불교는 이미 2500년 전부터 행선(걷기 명상)을 통해 육체적 건강뿐만 아니라 집중력을 개발하고 유지했다. 주석서는 16년간, 20년간의 행선을 통해 깨달음을 얻은 수행자에 대한 에피소드도 소개하고 있다. 이처럼 걸으며 하는 수행은 앉아서 하는 수행의 보완적인 역할뿐만 아니라 깨달음에 직접적인 영향을 주기도 한다.

행선 중 나타나는 장애들과 대처법

앞서 소개한 방법대로 행선을 진행한다고 해서 주시가 순조로운 것은 아니다. 특히 행선은 눈을 뜨고 움직이며 진행하기에 다양한 대상들과의 접촉이 용이하다. 외적 대상과의 접촉, 외적인 대상에 대한 판단과 더불어 산만해지기 쉽다. 동시에 움직임을 통해 경험하는 다양한 내적대상들 역시 고정된 것이 아니기에 주시는 지속되기보다 찰나찰나에 이루어진다. 결과적으로 행선을 통해서 수행자는 다양한 장애들을 경험할 수 있다. 망상, 가려움, 졸음 등이 행선의 대표적인 장애들이다.

◎ 망상에 대처하는 법

초보 수행자는 발의 움직임을 주시하다가 어느새 대상을 놓치고 망상을 일으키는 경우가 잦다. 이럴 때는 걸음을 멈추고, 그 자리에 서서 '망상, 망상, 망상' 하며 망상하는 마음 상태를 주시한다. 망상함을 알고도 계속 걸으며 '망상, 망상, 망상'이라고 생각해서는 안 된다. 많은 수행자들이 망상함을 알고도 귀찮아 멈추기를 꺼린다. 이렇게 되면 망상도 걸음도 제대로 주시할 수 없게 된다. 처음에는 조금 귀찮을지 모르나 수행자는 반드시 멈춰서 망상을 주시해야 한다. 망상의 사라짐을 보지 않고 걸음을 계속한다면 망상은 계속 이어질 것이다. 주시를 통해 그 망상이 사라지면 다시 발의 움직임을 단계별로 진행하며 주시한다. 망상함을 주시하는 것도 수행의 중요한 일부이고 거쳐야 하는 과정이다.

간혹 망상의 정도가 약해서 그 자리에서 멈춰야할지, 아니면 무시하고 계속 걸어야 할지 고민하는 수행자가 있다. 만약 그 망상이 행선을 방해한다면 그것은 멈춰야 할 망상이다. 행선을 방해하고 있지 않다면 그것은 미세한 잡념으로 무시해도 좋다. 이러한 판단은 수행자 본인만 할 수 있다. 다만 잦은 무시가 행선을 산책으로 만들 수도 있음을 유념하기 바란다.

주시하는 힘이 향상되면 발의 움직임을 주시하고 있는 동안에도 미세한 잡념이 따라다니는 것을 알게 된다. 수행자는 이를 잘 가려내어 잡념 없는 실제의 움직임과 느낌만을 주시할 수 있어야 한다. 멈추어서 망상을 알아차리려도 망상이 멈추지 않는 경우는 조금 빠르게 걷는 것도 방법이다. 예를 들어, 3단계에서 2단계로 바꿔보는 것이다.

　어떤 수행자는 망상에 대해 무의식의 표출로 중요한 의미를 담아 해석하려고 한다. 위빠사나 수행은 정신분석과 다르다. 과거의 중요한 무엇인가가 내재했다가 현재의 고요함을 의지하여 튀어나왔다는 생각은 내려놓아도 좋다. 어떠한 현상이든지 현재 있으면 있는 것이고, 없으면 없는 것이다. 의미를 부여하거나 해석할 필요는 없다. 만약 현재 망상이 일어났다면 사념이 확산된 것으로 마음은 과거와 미래를 방황하고 있는 상태이다. 방황하는 마음이 있음을 지금 이 순간 알아차리고, 현재의 숙제인 동작으로 돌아오는 것은 위빠사나 수행에서 중요한 부분이다.

◎외적 대상에 대처하는 법
　수행자가 걷는 동안에 외부의 어떤 대상을 보았다고 할지라도 그는 보지 못한 것처럼 몸과 마음에서 일어나는 현상만을 주시해야 한다. 소리를 들었을 때도 마찬가지이다. 행선 중인 수행자가 집중해야 할 것은 오직 현재의 걸음에서 일어나는 현상뿐이다. 만약 외부의 자극이 너무 커서 걷는 수행을 방해한다면 망상을 관찰하듯 잠시 멈추어 외부의 대상을 주시한다. 그리고 그것이 사라지거나 방해의 수준을 벗어나면 다시 시작한다. 멈추어 주시함에도 불구하고 멈추지 않으면 조금 빠르게 '오른발, 왼발' 하며 두 단계로 걷는 것도 하나의 방법이다.

행선 중에 수행자가 인상적인 것을 보거나 들었을 때에도 그 대상에 빠져들지 말고 조심스럽게 '보임, 보임' 혹은 '들림, 들림'으로 주시할 뿐 어떤 견해도 일으켜서는 안 된다. 움직이고 있으나 핵심은 내 안의 현상을 주시하는 것이다. 눈, 귀, 코, 혀, 몸이 동작과 더불어 외부에 열려 있기에 좌선에 비해 주시하기가 어려운 것이 사실이다. 하지만 이러한 훈련을 거쳐야만 일상생활에서의 알아차림이 수월해진다.

◎가려움과 졸음에 대처하는 법

대부분의 수행자는 행선 중에 가려움이 나타나면 무심코 긁어 해결한다. 단지 몇 초면 가려움은 해결된다. 초보 수행자들은 가려움이 있다는 사실을 알아차리기도 전에 무의식적으로 해결하기에 가려움이 있는지도 모르기 십상이다. 쉽게 해결할 수 있는 가려움을 주시히는 것은 쉬운 일이 아니다.

만약 일정한 곳에 가려움이 반복적으로 경험된다면 수행자는 멈춘다. 가려운 곳을 확인하고 그 가려움이 어떤 감각인지 주시한다. 적절한 이름을 붙여가며 가려움을 관찰한다. 가려움이 사라지지 않고 계속 행선을 방해하면 손을 들어 긁는다. 단, 긁기 전에 먼저 긁고자 하는 '의도'가 있음을 알아차린다. 그리고 마치 발을 들 때처럼 '듦, 듦, 듦' 하며 손을 들 때의 무게감에 주시한다. 가려운 부위에 손가락이 닿아 가려움이 해결될 때의 감각을 주시한다. 해결되고 나서의 가려움이 사라졌음을 알아차린다. 손을 내릴 때의 무게감을 주시한다. 그리고 다시 앞으로 나아가고자 하는 의도가 있음을 알고, 행선을 다시 시작한다.

수행자에게 무조건 가려움을 참으라는 것이 아니다. 가려움이 있을 때 그 감각을 주시하고, 해결하고자 하는 의도를 주시하고, 해결하는 과정을 주시하고, 다시 본래의 행선으로 돌아가라는 것이다. 위빠사나 수행은 현재 이 순간에 일어나는 현상을 주시하고 알아차리는 과정의 연속이다. 행선 중에 가려움이 나타났다고 해서 가려움이 행선의 방해 요소라고 생각할 필요는 없다. 가려움은 때가 되어 나타난 자연스러운 현상이다. 수행자의 임무는 주시하여 아는 것이다.

졸음의 경우도 마찬가지이다. 멈추어 서서 몸 안에서 졸음이 가장 강하게 다가오는 곳이 어느 곳인지 알아차린다. 만약 졸음의 감각이 찾아지지 않으면, 다시 조금 빠르게 걷는 것도 방법이다. 보통 졸음은 행선보다 좌선의 경우에 자주 나타난다. 만약 행선 중에도 졸음이 심하다면 평소의 생활 패턴을 확인해 보는 것도 방법이다. 과도한 일에 시달리는지, 적절한 수면을 취했는지도 살펴야 할 것이다.

경행을 통해 장애를 극복하는 훈련을 거치면 고요한 몸과 마음을 좌선으로 연결시켜 줄 수 있다. 또한 행선을 통하여 주시와 현상이 일치하게 되었을 때 수행자의 걸음 안에는 의도와 행위만 있을 뿐 이를 주도하는 '나'라는 주체가 없음을 알게 된다.

one point lesson

＊ 걸으며 하는 수행법 ＊

행선은 자연스럽게 걷는 2단계, 천천히 걷는 3단계, 더욱 천천히 걷는 9단계가 있다. 단계
가 올라갈수록 보폭을 좁혀 주는 것이 좋다. 행선을 할 때 수행자는 두 가지를 놓치지 않는
것이 중요하다. 하나는 발목 아래에서 느껴지는 느낌에 대한 주시를 놓치지 않도록 하는
것이고, 다른 하나는 발의 동작과 부르는 명칭을 일치시키는 것을 놓치지 않도록 하는 것
이다. 이를 위해 환자처럼 천천히 힘을 빼고 걷는 것도 방법이다.

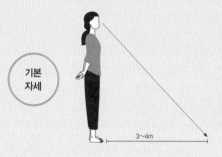

**기본
자세**

머리를 숙이지 않고 턱을 들어 허리
를 바르게 세운다. 시선은 발끝으로
부터 약 3∼4m 전방에 둔다. 손은
걷는 도중에 흔들리지 않도록 앞이
나 뒤로 모아 잡는다.

3∼4m

**걷는
동작**

오른발   왼발   들어서   앞으로   놓음

❶ 2단계   ❷ 3단계

들, 들, 들

밀, 밀, 밀

놓음, 놓음, 놓음

❸ 9단계

걷는 동작은 2단계 행선법, 3단계 행선법, 9단계 행선법으로 나눌 수 있다.

❶ 가장 기초적인 '오른발', '왼발'의 두 단계. 왼발을 내디디며 '왼발', 오른발을 내디디며 '오른발'이라고 마음속으로 이름 붙이면서 한 발 한 발을 주시한다. 이때 발이 닿는 감각의 알아차림과 함께 마음속으로 붙이는 이름과 동작이 일치해야 한다.

❷ '들어서, 앞으로, 놓음'의 세 단계. 왼발을 '들어서, 앞으로, 놓음', 오른발을 '들어서, 앞으로, 놓음'으로 주시한다. 이때 명칭과 발의 동작이 일치해야 한다. 마음이 발의 동작에 밀착되지 않으면 명칭과 동작이 일치하지 않는다.

❸ '들, 들, 들', '밀, 밀, 밀', '놓음, 놓음, 놓음'의 아홉 단계. 어떤 단계를 취하든 걷는 발의 동작과 느낌에 마음을 일치시켜 주시한다. 이때 보폭이 너무 넓지 않도록 주의한다. 자칫 보폭이 너무 넓으면 걷는 도중 자세가 흐트러질 수 있다.

—**행선의 핵심 포인트, 몸(물질)의 특징 관찰과 의도 알아차리기**

초기불교에서 설명하는 인간의 몸은 땅, 물, 불, 바람이라는 특징을 지니고 있다. 수행자는 행선을 통해 이러한 물질의 특징을 주시하게 된다. 수행자는 행선을 통해 무엇보다 먼저 발목 아래에서 느껴지는 느낌을 놓치지 않고 주시해야 한다. 이것이 숙달되면 명칭과 동작이 일치하도록 노력해야 한다. 이것도 숙달되면 면밀한 주시뿐만 아니라, 행위를 하기 이전에 '의도'가 일어나는 것을 주시해야 한다. 수행자는 의도가 일어난 다음 동작하는 것을 분명히 알며, 그 과정에서 나타나는 느낌을 면밀히 주시하는 것이다.

주의할 점: 사대를 관찰하되 사대를 생각으로 알아차려서는 안 된다. 수행자가 행선 중에 바닥의 단단함을 주시했다면 '단단함, 단단함'이라는 느낌을 주시한다. '단단하구나, 내가 지금 지대를 느끼고 있구나'라고 생각을 확장해서는 안 된다.

3. 서서 하는 수행(住禪)

서서 하는 수행은 주로 걸으며 하는 수행과 함께 진행되기에 행선의 연장선상에서 설명하려 한다. 수행자가 앞으로 나아가다가 벽이나 장애물이 있어 멈추려 할 때는 그냥 멈추는 것이 아니라, '멈추려 함'이라고 이름을 붙이며 멈추려는 의도를 먼저 주시한다. 그런 후에 '멈춤' 하면서 동작과 주시를 일치시키면서 멈춘다. 멈춰 있는 상태에서도 수행자는 주시를 멈추지 않고 서서 하는 수행(住禪)을 한다.

주선의 핵심 포인트, 머리끝에서 발끝까지 빠르게 주시

서서 하는 수행은 수행자가 머리끝에서 발끝까지를 스캔하여 감싸듯 주시하며 서 있는 것을 말한다. 몸 전체가 피부라는 포장지에 싸여 있는 듯, 머리끝에서 발끝까지 다시 발끝에서 머리끝까지를 반복해서 주시한다. 이때 수행자는 자신의 몸이 마치 위아래가 묶

있는 그대로

인 자루와 같다고 생각할 수 있다. 이와 같은 주시 방법을 보디스캔 (body scan)이라고도 한다〔그림 ⑭〕.

수행자는 필요에 따라 머리끝부터 발끝까지 온몸을 부위별로 나누어 느껴지는 감각을 찾아 주시하며 내리고 올릴 수 있다. 이때 몸의 특정한 부분에서 강한 느낌이 일어나면, 수행자는 스캔 작업을 멈추고 그 부위만을 집중적으로 주시할 수도 있다. 하지만 행선과 함께 진행되는 보디스캔의 경우에는 가능한 빨리 몸을 훑어 내리고 올리는 정도로 진행하는 것이 좋다. 다시 돌아서 걸어가야 하기에 내렸다 올리기는 1회 정도가 적당하다.

◎ 서서하는 수행 방법 ◎

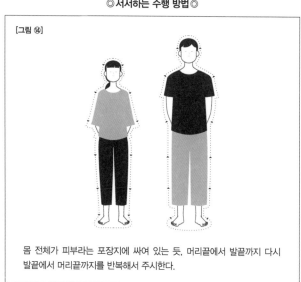

[그림 ⑭]

몸 전체가 피부라는 포장지에 싸여 있는 듯, 머리끝에서 발끝까지 다시 발끝에서 머리끝까지를 반복해서 주시한다.

의도도 주시의 대상

행선을 지속하기 위해 뒤로 돌아서려 할 때에는 '돌아서려 함, 돌아서려 함' 하면서 돌아서려는 '의도'를 주시하고, '돌아감, 돌아감, 돌아감' 하면서 몸과 발의 움직임을 면밀히 주시하며 돈다. 도는 동안에도 발에서 느껴지는 느낌을 놓치지 않으려고 노력해야 한다. 완전히 돌아섰을 때는 [완전히] '돌아섬' 하면서 서 있는 몸의 상태를 다시 한 번 스캔하여 확인[住禪]하고, 앞으로 나아가려 할 때는 '나아가려 함' 하면서 나아가려는 의도를 주시한 후, 다시 '들어서' 혹은 '듦, 듦, 듦' 하며 주시하여 걷는다. 보이지 않는 의도를 찾으려고 애쓸 필요는 없다. 의도가 보이지 않으면 동작을 통한 느낌과 명칭에만 집중해도 된다.

행선이나 주선이 끝나고 앉아서 하는 수행을 하고 싶으면 '앉고 싶다'라는 의도를 주시하고, 앉을 때 역시 무겁게 내려앉는 몸의 모든 움직임을 주시한다. 움직임이 그치고 몸이 고요해지면 다시 배의 오르내림을 '일어남', '사라짐'으로 주시한다.

걸으며 하는 수행(서서 하는 수행 포함)은 가능한 앉아서 하는 수행과 균형을 맞추어 진행한다. 마하시 위빠사나의 경우, 한 시간 앉아서 하는 수행을 했다면, 걸으며 하는 수행 역시 한 시간 하는 것을 기본으로 한다. 앉아서 하는 수행만을 주로 하면 심신이 침체되고,

있는 그대로

걸으면서 하는 수행만을 주로 하면 심신이 들떠 깊은 주시와 집중을 얻기 어렵다. 앉아서 하는 수행과 걸으며 하는 수행의 조화가 잘 이루어질 때 깊은 주시와 집중 속에서 효율은 극대화될 것이다.

4. 누워서 하는 수행(臥禪)

수행은 눕거나 잠자리에 들 때도 지속한다. 수행자가 몸을 눕힐 때는 먼저 몸을 눕히고자 하는 의도를 주시하고, 천천히 누우면서 모든 동작과 느낌, 팔다리를 가지런히 놓는 등의 세세한 움직임을 놓치지 않고 주시한다. 몸을 완전히 눕혀 움직임이 고요해지면 다시 배의 '일어남', '사라짐'을 주시한다. 주시를 하다 보면 좌선 때와 같이 여러 가지 현상이 일어난다. 이때 수행자는 두드러진 현상에 이름을 붙이면서 계속 주시한다.

와선의 핵심 포인트, 누워서도 주시를 유지한다

잠자는 시간에 누웠다 해도 바로 잠을 자지 말고 배의 움직임을 주시한다. 내가 잠에 들어도 대상을 놓치지 않겠다는 생각으로 주시한다. 주시가 유지된다면 쉽게 잠에 빠지지 않을 것이다. 혹 잠을 자지 않고 계속 수행하면 피곤할 것이라고 염려하겠지만 머지

않아 잠을 잔 것보다 피로가 더 잘 풀리고 몸이 가벼운 것을 경험하게 될 것이다. 그러나 대부분의 경우, 누워서 수행을 하다가 졸음이 심하면 끝내 잠에 빠지게 된다.

수행자는 항시 와선을 하며 잠에 드는 습관을 지녀야 한다. 일반적으로 수면 시간은 수행자의 주시가 멈추는 유일한 시간이다. 수행처 안에서 진지하게 수행하려는 수행자는 하루 4시간 이상 자지 않는다. 4시간의 수면은 수행자에게 충분한 시간이다. 더러 4시간 수면이 건강을 유지하기 어려울 것이라고 우려하는 이들은 5~6시간을 잘 수도 있다. 6시간 수면은 일상생활을 하기에도 충분한 시간이다. 그리고 수행자가 잠에서 깨어날 때는 눈을 뜨는 순간부터 주시가 시작될 수 있도록 노력해야 한다.

초기경전에 나타나 있는 붓다의 와선

붓다 역시 잠자리에 들기 전에 와선을 행했다. 경전의 설명에 따르면 붓다는 잠자리에 들기 전에 일어날 시간에 마음을 두고, 주시와 분명한 앎을 유지하며 잠자리에 들었다고 한다.

수행자는 동작을 관찰하며 오른쪽으로 눕는다. 그리고 일어날 예상 시간에 마음을 둔다. 세존께서는 가사를 네 겹으로 접어놓은 후, 한 발 위에 다른 발을 [약간 어긋나게] 올려놓고, 주시를 지니고, 분명한 앎을 지니고, 일어날 생각을 마음에 두고서, 오른편으로 사자와 같이 누우셨다. (D. III. 208)

이처럼 붓다는 항시 오른쪽으로 누웠다고 묘사되고 있다. 이를 사자가 누운 형태라고 하는데, 이렇게 누우면 자는 동안 몸의 무게에 의해서 심장이 방해받지 않고 부드럽게 움직여 숙면을 취할 수 있다고 한다. 또한 이와 같은 자세는 악몽과 몽정(夢精)을 막아준다고 한다. 사찰의 와불(臥佛)을 살펴보면 오른쪽으로 누워 있는 것을 확인할 수 있다. 이처럼 경전은 오른쪽으로 모로 눕는 것을 설명하지만, 위빠사나 수행에서는 등 전체를 바닥에 대고 바로 누울 것을 권장한다.

와선은 수행자의 몸이 몹시 지쳐 있거나, 앉아서 하는 수행이나 걸으며 하는 수행에 진전이 없을 때 활용할 수도 있다. 수행자는 누워서 배의 오르내림을 주시하며 지친 몸과 마음을 이완시킨다. 하지만 초보 수행자가 누워서 하는 수행에 치중해서는 안 된다. 누워서 하는 수행보다는 앉아서 하는 수행과 걸으며 하는 수행을 주로 실천해야 한다.

5. 항상 깨어 있음(生活禪)

　수행자는 잠에서 깨는 순간부터 잠에 드는 순간까지 항상 몸과
마음에서 일어나는 현상을 주시하고 알아차릴 수 있도록 노력해야
한다. 오직 잠자는 시간에만 어쩔 수 없이 그 노력이 멈출 뿐이다.
그러므로 가능한 일찍 일어나며, 또한 잠에서 깨어날 때도 '잠이 깬
다'라고 주시할 수 있어야 한다. 만약 이것을 주시하지 못했다면 곧
주시하지 못했음을 알고 그 이후에 일어나는 동작들부터라도 주시
해야 한다.

　먼저 잠자리에서 일어나고자 할 때는 '일어나려고 한다'라고 그
의도를 주시한다. 실제로 일어나는 과정에서 나타나는 팔다리의 움
직임, 머리를 들면 '듦', 일어나 앉으면 '앉음' 등 모든 움직임을 세
밀하게 주시한다. 특히 이를 닦거나 세수나 목욕을 할 때는 움직임
이 많고 빨라지므로 그 세세한 동작들을 주시하기 위해 더욱 노력
해야 한다. 그 밖에도 옷을 입고, 잠자리를 정돈하고, 문을 여닫고,
화장실에서 용변을 볼 때에도 모든 움직임과 느낌을 가능한 세밀하
게 주시한다. 눈을 뜨고 있는 동안 매순간 주시를 놓치지 않도록 노

력해야 한다.

생활선의 핵심 포인트, 천천히 움직이며 빈도수를 높인다

위빠사나 수행은 행주좌와뿐만 아니라 모든 일상의 동작으로 확장된다. 만약 걸을 때, 서 있을 때, 앉아 있을 때, 일어날 때, 먹을 때, 볼 때, 들을 때 등에 주시가 정확하지 않다면 좀 더 천천히 움직여 단계적으로 주시할 수 있도록 노력해야 한다. 초보 수행자는 움직일 때 마치 병자가 행동하듯이 천천히 움직여야 한다. 평소보다 좀 더 천천히 움직임으로써 동작에서 오는 현상을 놓치지 않고 자세히 주시할 수 있다. 빠르게 움직이면 그만큼 많은 대상을 놓치게 된다.

물론 의도적으로 천천히 움직이는 것은 있는 그대로가 아닌 조작적인 행위라고도 볼 수 있다. 하지만 걷지 못하는 자가 달릴 수는 없는 일이다. 현상을 있는 그대로 보라 하면 그냥 볼 수 있는 것이 아니다. 훈련 과정이 필요하다.

초기경전에서도 일상생활에서의 주시에 대해 강조하고 있다. 「마하사띠빳타나숫따(大念處經)」는 모든 수행자들은 잠에서 깨어나 잠들 때까지의 일상에서 일어날 수 있는 모든 일들에 대해 분명하

있는 그대로

―――――――

위빠사나 수행은 모든 일상의 동작으로 확장된다. 걸을 때, 서 있을 때, 앉아 있을 때, 일어날 때, 먹을 때, 볼 때, 들을 때 등에 주시가 정확하지 않다면 좀 더 천천히 움직여 단계적으로 주시할 수 있도록 노력해야 한다. 초보 수행자는 병자가 행동하듯이 천천히 움직임으로써 동작에서 오는 현상을 놓치지 않고 자세히 주시할 수 있다.

게 알아차리라고 설명한다. 수행자는 가고, 서고, 앉고, 눕는 동작 뿐만 아니라 고개를 돌려 주위를 살피는 동작, 팔다리를 구부리고 펴는 동작, 옷을 입고 벗는 동작 등 몸의 모든 움직임 그리고 먹고 마시고 배설하는 과정까지도 분명하게 알아차려야 한다. 즉 수행 시간뿐만 아니라 생활과 더불어 언제 어디서나 주시를 통한 알아차 림을 지속해야 한다고 적고 있다.

> 비구들이여, 앞으로 나아갈 때도 뒤로 물러날 때도 분명한 앎(알아차림)을 지니고 행한다. 앞을 볼 때도, 주위를 볼 때도 분명한 앎을 행한다. 팔다리를 구부릴 때도 펼 때도 분명한 앎을 지니고 행한다. 가사(승복), 발우, 의복을 지닐 때도 분명한 앎을 지니고 행한다. 먹을 때도, 마실 때도, 씹을 때도, 맛볼 때도 분명한 앎을 지니고 행한다. 대소변을 볼 때도 분명한 앎을 지니고 행한다. 갈 때도, 설 때도, 앉을 때도, 잠에 들 때도, 잠에서 깨어날 때도, 말할 때도, 침묵하고 있을 때도 분명한 앎을 지니고 행한다. (D. II. 292)

경전의 설명처럼 수행자는 먹을 때도, 마실 때도, 씹을 때도, 맛볼 때도 수행을 지속할 수 있다. 음식이나 식탁을 보면 '봄', 음식을 집으려고 손을 뻗으면 '뻗음', 음식을 입에 넣으면 '넣음', 음식을 씹으면 '씹음', 맛을 느끼면 각각의 맛 등 먹을 때에도 주시는 계속

있는 그대로

되어야 한다. 음식을 삼켜 식도를 따라 내려갈 때의 모든 느낌과 움직임 또한 이와 같이 계속하여 한 입, 한 입 먹을 때마다 그 현상을 주시한다.

사실 식사할 때의 주시는 먹고자 하는 의도와 더불어 수많은 관찰 대상이 있어 조금 더 어렵다. 먹는 순간만큼은 육근[眼耳鼻舌身意]과 더불어 인식 작용이 동시에 활동하는 순간이다. 때문에 초보자는 대상을 수없이 놓치게 된다. 그러므로 수행자는 이들 모두를 놓치지 않고 주시하겠다는 확고한 결심이 필요하다. 가장 좋은 방법은 빈도수를 늘리는 것이다. 다시 말해 자주 하는 것이 최선의 길이다. 이를 통해 주시와 집중의 힘이 점차 강해져 많은 움직임을 세밀하게 알 수 있게 된다.

수행자는 일어나는 현상이 싫다고 거부하거나 좋다고 집착해서는 안 된다. 또한 일어난 원인을 분석하거나 판단하려 해서도 안 되며[과거], 무엇을 이루어 보려고 조작하거나 기대하지도 말아야 한다[미래]. 조급하거나 느슨하지 않은 균형 잡힌 마음으로 현재의 흐름을 있는 그대로 주시해야 한다.

몸과 마음 안에서 일어나는 어떤 현상이든지 놓치지 않고 끊임없이 주시해야 한다. 이러한 노력이 있을 때 수행은 더욱 성장하며, 지혜는 선명하게 무르익게 될 것이다. 이 과정을 통해 수행자는 일어났다 사라지는 육체적인 느낌, 정신적인 느낌, 의도와 행위, 마음의 대상 등을 편견 없이 지속적으로 분명히 알게 된다. 수행 시간뿐만 아니라 생활 안에서도 몸과 마음에서 일어나는 현상을 하나도 놓치지 않고 주시하려는 노력이 이루어질 때 번뇌의 소멸은 가까워진다.

진정한 수행은 수행처가 아니라 현실 세계

수행자는 간혹 "수행했다는 사람이 왜 저래?" "차라리 수행 안한 사람이 낫다" 등 비난을 듣기도 한다. 이러한 비난을 듣는 이유 중 하나는 수행이 수행처를 중심으로 진행되고 있기 때문이다. 대부분의 수행처는 외부로부터 차단되어 감각적 욕망이나 집착할 만한 대상을 통제하고 있다. 수행처는 말 그대로 수행하기 위한 최적의 조건을 마련해 놓은 장소이다. 혹자는 수행처를 고행처로 비유하지만 수행처만큼 안전한 곳도 드물다. 수행자는 수행처에서 외부로부터 보호를 받으며 수행을 한다.

하지만 수행처 밖의 현실은 어떠한가? 우리가 일상에서 만나는 대부분의 대상들은 오감(五感)을 자극하는 것들로 가득하다. 세상은 감각적 욕망을 최대한 자극하도록 계발되어 있다. 결국 많은 연습에도 불구하고 현실에서 한순간 수행의 대상을 놓치게 되었을 때 수행자는 비난의 소리를 듣는다. 그런 점에서 수행처는 마치 실내 골프연습장과 같다. 바람도, 잔디도, 주변 사람도 신경 쓸 일이 없다. 단지 집중하여 공을 잘 치면 된다.

하지만 실제 골프장은 어떠한가? 바람, 잔디, 날씨, 그린의 경사도, 주변 사람을 얼마나 의식하느냐 등등에 따라 집중을 방해하는 요인들은 끊임없이 잠복해 있고 또 수시로 발생한다. 위빠사나 수행 역시 수행처에서만 하는 것이 아니다. 수행처에서 주시하고 집중하는 훈련을 했다면, 이들이 실제로 적용되어야 하는 곳은 언제 어떤 바람이 불지, 비가 내릴지 모르는 수행처 밖의 현실인 것이다. 따라서 수행자는 바람이 불지 않기를 바랄 것이 아니라, 바람이 불어도 흔들리지 않는 힘을 키워야 한다. 고요한 숲 속의 수행자가 아니라, 탐욕과 성냄의 바람에 흔들리지 않는 수행자가 되어야 하는 것이다.

위빠사나 수행은 앉아서 하는 좌선만을 강조하지 않는다. 수행자는 앞을 볼 때도, 주위를 볼 때도, 갈 때도, 설 때도, 먹을 때도, 마실 때 등도 항시 자신의 몸과 마음을 주시하고 알아차리는 훈련을 지속한다. 이러한 훈련을 통해 수행자는 감각적 욕망, 분노라는 매서운 폭풍이 부는 일상의 삶에서도 주시와 집중을 유지해 나갈 수 있다.

6. 앉음, 닿음

지금까지 마하시 위빠사나 수행의 5가지 방법을 살펴보았다. 이들은 앉아서 하는 수행, 걸으면서 하는 수행, 서서 하는 수행, 누워서 하는 수행 그리고 모든 동작을 통한 수행이다. 여기서 앉아서 하는 수행을 좀 더 부연하면 다음과 같은 방법을 소개할 수 있다. 수행자는 배의 '일어남', '사라짐'에 이어 '앉음', '닿음'이라는 대상을 늘릴 수 있다. '앉음', '닿음'은 수행자가 호흡을 통한 배의 움직임을 주시하는 것에 어려움을 느낄 때, 망상이 다스려지지 않을 때, 인위적으로 관찰의 대상을 늘려주는 방법이다.

수행자가 배의 '일어남', '사라짐'이라는 움직임을 통해 주시와 집중을 유지할 수 있다면 가장 좋다. 하지만 수행자가 수행을 하는 중에는 망상, 졸음 등에 시달리거나 배의 움직임이 너무 미세하여 명확하지 않을 때는 주시의 대상을 인위적으로 늘려 주는 방법을 활용할 수 있다. 좀 더 부연하자면, 마음의 속도는 참으로 빠르다. 처음에는 '일어남', '사라짐'이라는 명칭을 붙이며 배의 움직임

있는 그대로

을 관찰하는 것만으로도 벅차지만, 시간이 지날수록 마음은 여유를 부리기 시작한다. 마치 운전자가 자동차 운전에 익숙해지면 운전과 동시에 스마트폰을 보거나 문자, 전화 통화를 하는 등 다른 일을 할 여유가 생기는 것과 비슷하다. 물론 숙련된 운전자는 운전과 동시에 다른 일들을 할 수 있다. 하지만 운전에 온전히 집중할 수 없어 만일의 사태에 제때 대응하지 못해 위험해지는 것 역시 사실이다.

이와 마찬가지로 마음도 자신이 맡은 과제에 익숙해지면 여유를 부린다. 마음이 대상에 익숙해져 적응하는 것이다. 수행자가 배의 움직임을 좀 더 세밀하게 관찰하려고 노력하지 않으면, 마음은 어느새 '일어남', '사라짐'이라는 명칭만 붙이고 하릴없이 다른 곳으로 여행을 떠나기 시작한다. 명칭과 동작을 일치시켜야 하는 수행 과제가 마음의 속도에 비해 적은 것이다.

일차적으로 '앉음', '닿음'은 몸의 느낌에서 벗어나 외부로 나가려는 마음을 몸으로 불러오는 역할을 한다. 앉아서 하는 수행에서 앉음, 닿음은 어떻게 활용하는지 그 방법을 살펴보자.

앉음, 닿음의 핵심 포인트, 망상할 틈을 주지 말라

수행자는 날숨을 통한 '사라짐'이라는 배의 움직임과 들숨을 통한 '일어남'이라는 배의 움직임 사이에 '앉음', '닿음'이라는 주시의 대상을 포함시킨다. '일어남'과 '사라짐'은 평소의 호흡 패턴으로 진행하되, 날숨 이후 들숨이 일어나기 전에〔날숨이 끝난 순간에〕, 관찰 대상을 두 군데 더 늘리는 것이다.

먼저 '앉음'은 내 몸이 앉아 있다는 것을 아는 것이다. 수행자는 앉아서 몸의 가장 높은 자리인 정수리로 마음을 보내어 바닥에 닿은 엉덩이까지 순식간에 훑어 내린다〔그림 ⑮〕. 마치 다이빙 선수가 입수를 통하여 온몸을 한순간에 적시듯이, 수행자는 온몸을 한순간에 훑어 자신의 앉아 있음을 확인한다. 이때 머리부터 시작하여 온몸으로 나타나는 느낌을 주시할 필요는 없다. 왜냐하면 그만한 시간적인 여유가 없기 때문이다. 마치 포장지를 싸듯 머리부터 온몸을 훑어 내린 마음은 엉덩이에서 끝난다.

◎앉음, 닿음 수행법◎

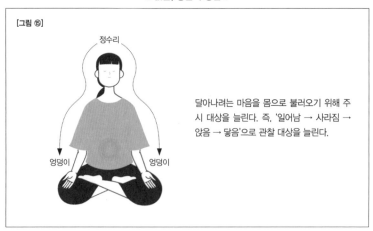

[그림 ⑮]

정수리

엉덩이   엉덩이

달아나려는 마음을 몸으로 불러오기 위해 주시 대상을 늘린다. 즉, '일어남 → 사라짐 → 앉음 → 닿음'으로 관찰 대상을 늘린다.

이때 엉덩이가 바닥에 닿아 있는 느낌을 아는 것을 '닿음'이라고 한다. '닿음'의 경우에는 엉덩이가 바닥에 닿아 있다는 느낌을 단지 알면 된다. 결국 수행자는 '일어남 → 사라짐 → 앉음 → 닿음', '일어남 → 사라짐 → 앉음 → 닿음' … (반복)의 순서로 배의 움직임과 앉아 있음, 닿아 있음을 주시하게 된다. 앞서 설명한 것처럼 사라짐과 일어남의 사이가 짧기 때문에 수행자는 매우 빠르게 주시의 대상을 바꾸어야 한다.

'앉음'을 하면서 감각을 찾을 필요는 없다. 앉아 있는 자신의 모습을 생각하면 된다. '앉음'은 생각이고 '닿음'은 감각이다. '앉음', '닿음'에 생각을 포함하는 것은 후에 감각을 못 찾거나, 몸의 감각이 사라지는 경우에도 지속할 수 있기 때문이다. 시간상 '앉음', '닿음'을 모두 붙이는 것이 벅차면 '사라짐' 다음에 '닿음' 하나만을 붙이며 알아차리는 것도 방법이다. 이 방법은 민첩함이 요구되므로 수행자는 망상을 키울 틈이 없다. 하지만 마음의 속도는 기대 이상으로 빠르다. 머지않아 마음은 이 짧은 시간에도 적응하여 또 다른 여유를 부리기 시작한다.

'앉음', '닿음'을 주시함에도 마음이 망상으로 돌아다닐 때는 '닿음'의 종류를 더 늘릴 수 있다. '앉음'을 주시한 후, 엉덩이 '닿음'이 아니라 오른쪽 엉덩이가 바닥에 '닿음'을 주시하고 다음 '앉음'을 주시한 후, 왼쪽 엉덩이가 바닥에 '닿음'을 주시한다. 한 호흡마다 '앉음' 이후에 '닿음'의 자리가 구체화되는 것이다. 필요에 따라서 이런 방법으로 '닿음'의 위치를 둘, 넷 그리고 그 이상으로 바꿀 수도 있다.

오른쪽 왼쪽 엉덩이의 경우, 수행자가 주시하는 순서는 다음과 같다. '일어남 → 사라짐 → 앉음 → 오른쪽 엉덩이 닿음', '일어남 → 사라짐 → 앉음 → 왼쪽 엉덩이 닿음', '일어남 → 사라짐 → 앉음 → 오른쪽 엉덩이 닿음' … (반복).

이때 수행자가 아무 느낌 없이 '닿음'을 그저 생각으로 주시해서는 안 된다. 들숨이 일어나기 전에 실제로 닿아 있는 곳의 느낌을 빨리 감지해야 한다. 혹시 시간이 모자라 닿음을 느끼지 못했다면 애써 찾으려하지 말고, 들숨이 자연스럽게 일어나도록 허락해야 한다. 다시 말해 '앉음', '닿음'이라는 관찰의 대상이 늘어났어도 호흡이 인위적으로 길어져서는 안 된다. 물론 주시하려는 의도가 무의식적으로 호흡을 늘리려 하겠지만 주의해야 한다. 의도적인 호흡을 통해서 현상의 실제 모습을 보기는 어렵다.

따라서 가능한 자연스럽게 호흡하려는 수행자의 노력이 필요하다. 대상을 바라보는 데만이 노력이 필요한 것이 아니라, 바라보려는 마음이 호흡에 영향을 미치지 않도록 하는 것에도 노력이 필요하다. 힘을 주는 것에만 노력이 필요한 것이 아니라, 힘을 빼는 데도 노력이 필요하다.

위와 같이 진행했음에도 불구하고 마음이 방황하면 '닿음'을 네 가지로 늘릴 수 있다. 이때 수행자는 앉아 있는 상태에서 관찰의 폭을 손이 닿아 있는 느낌까지 확장시킨다. 이 방법은 다음과 같다. '일어남 → 사라짐 → 앉음 → 오른쪽 엉덩이 닿음', '일어남 → 사라짐 → 앉음 → 왼쪽 엉덩이 닿음', '일어남 → 사라짐 → 앉음 → 오른손 닿음', '일어남 → 사라짐 → 앉음 → 왼손 닿음', '일어남 → 사라짐 → 앉음 → 오른쪽 엉덩이 닿음' … (반복). 이 사이에 마음이 또 방황한다면 닿음의 위치에 '어깨'와 '무릎' 그리고 '허벅지' 등을 이용하여 열 군데 이상으로 늘릴 수도 있다.

이 글을 읽으며 과연 이렇게까지 해야 할까 하는 생각을 하는 사람도 있을 것이다. 하지만 이 상태의 수행자가 지닌 마음의 속도는 이미 언어로 표현할 수 있는 한계를 벗어나 있다. 이러한 과정을 통해 마음의 방황을 잡게 되면 수행자는 다시 관찰의 대상을 줄일 수 있다.

마음을 원하는 곳으로 보내는 반복적인 훈련은 수행자의 망상을 줄이고 주시와 집중의 힘을 향상시킨다. 결국 이 과정을 거친 수행자는 '일어남'과 '사라짐'에만 주시의 대상을 한정시켜도, 예전과는 다른 감각의 섬세한 현상들을 볼 수 있게 된다. 한 번의 '날숨'과 '들숨' 사이에서 많은 것을 주시할 수 있었던 것처럼, '일어남'도 단한 가지의 현상이 아니라 그 안에 무수히 많은 생멸(生滅)이 있다는 사실을 보게 된다.

수행자는 배의 '일어남', '사라짐'에 이어 '앉음', '닿음'이라는 대상을 늘릴 수 있다. '앉음', '닿음'은 수행자가 호흡을 통한 배의 움직임을 주시하는 것에 어려움을 느낄 때, 망상이 다스려지지 않을 때 인위적으로 관찰의 대상을 늘려주는 방법이다. 이밖에도 '앉음', '닿음'은 수행상에 나타나는 과정을 확인하는 데도 사용할 수 있다.

수행상에 나타나는 과정을 확인하는 데에도 사용

'앉음', '닿음'은 들숨과 날숨이 불분명한 경우에도 사용된다. 앉아서 하는 수행을 지속하는 중에 호흡이 미세해져 배의 움직임이 명확하지 않을 때, 수행자는 '일어남', '사라짐'을 주시하기 어렵다. 이때 손을 배 위에 올려놓거나 앞서 설명한 '앉음', '닿음'을 시도해볼 수 있다. 수행자가 좌선 중에 '일어남', '사라짐' 없이 '앉음', '닿음'을 주시하면 대부분 배의 움직임을 다시 찾을 수 있다. 하지만 '앉음', '닿음'을 주시했음에도 불구하고 배의 움직임이 분명해지지 않으면 위의 설명처럼 '닿음'의 종류를 늘릴 수도 있다.

수행이 발전되어 가면 갈수록 수행자에게 주시의 대상은 줄어든다. 언어적인 생각뿐만 아니라 몸의 느낌과 호흡, 그리고 의식의 순서로 소멸해 가는데, 이때 수행자는 '앉음', '닿음'을 통해 몸과 호흡의 관계를 확인할 수 있다. '앉음', '닿음'을 통해 남아 있는 몸의 느낌을 찾는다면 호흡도 남아 있다는 것이다. 이처럼 '앉음', '닿음'이라는 방법은 좌선의 보조적인 방법으로 주로 장애를 극복하기 위한 용도로 쓰이나, 경우에 따라 수행상에 나타나는 과정을 확인하는 데도 사용할 수 있다.

위빠사나 수행을 진행하는 데 있어 꼭 필요한 네 가지 핵심 기능인 이름 붙이기, 주시, 알아차림, 의도에 대해 먼저 살펴본다. 그런 다음, 수행 도중 만나게 되는 대표적인 장애인 통증, 망상, 졸음에 이어 열심히 수행한 수행자들에게 나타나는 특별한 경험이라는 또 다른 얼굴의 장애에 대해서도 살펴본다. 각각의 장애의 특징과 장애에 대처하는 법도 함께 다룬다.

PART 3

위빠사나 수행의 진행

온몸은 부들부들 떨렸습니다.

가사는 땀으로 흠뻑 젖었으며 눈에서는 눈물이 흐르기 시작했습니다.

이가 부서지도록 악물어 보지만 통증은 줄어들 기미를 보이지 않았습니다.

아, 통증…. 참으로 상대하기 어렵습니다.

미얀마의 마하시 위빠사나 수행처에 도착한 지 보름이 지난 때였습니다. 열반을 성취하고야 말겠다는 강한 의지로 머리를 깎고 가사를 입었습니다. 하지만 수행은 뜻처럼 쉽게 진행되지 않았습니다. 가사를 입고 안 입고를 떠나 통증은 그저 통증으로 다가왔습니다. 허리, 무릎, 엉덩이, 발목… 통증이라는 처참한 공격은 쉴 틈을 주지 않았습니다. 통증에게 자비는 없었습니다. 때와 장소를 구분하지 않는 무차별한 공격에 저는 무너지기 시작했습니다.

수행은 배운 대로 되지 않았습니다. 거리를 두고 있는 그대로 관찰하라는 스승의 가르침은 사라지고, 저는 어느새 이를 악물고 있었습니다. 결국 수행은 관찰이라는 허울만 남기고 인내의 한계를 시험하고 있을 뿐이었습니다. 피할 수도 벗어날 수도 없었습니다. 왜냐하면 회피하면 이 통증이

다시 온다는 사실을 너무나 잘 알고 있었기 때문입니다. 실로 진퇴양난이었습니다. 눈에서는 눈물이 흐르고 가사와 방석은 땀에 흠뻑 젖어 들었습니다. 할 수 있는 것이라고는 이를 악물고 앉아 있는 것뿐이었습니다.

시간이 흐르자 새로운 변화가 일어났습니다. 통증도 지쳤는지 자신의 모습을 서서히 드러내기 시작한 것입니다. 의도적으로 보려고 애쓸 때는 보이지 않던 통증이 가만히 있어도 자신의 모습을 보여주기 시작했습니다. 몸과 마음을 가득 채운 통증은 더 이상 자신의 모습을 숨길 곳을 찾지 못했습니다. 내 안에는 통증만 남아 있었기에 억지로 피하지 않는 이상 통증은 보일 수밖에 없는 것이었습니다.

서서히 드러내기 시작하는 통증의 모습은 서로 달랐습니다. 통증은 귀에 거슬리는 단순한 이름과는 다르게 다양한 모습을 하고 있었습니다. 저림, 쑤심, 누름, 열기 등 말로 표현하기 힘든 다양한 성질뿐만 아니라, 때로는 가닥으로 때로는 다발로 무리지어 나타났습니다. 그 속도 역시 매번 달랐습니다.

나타난 각각의 쑤심이 몇 가닥인지 얼마나 빠르게 나타나는지를 바라보고 있는 사이 악물었던 이는 시나브로 풀려 있었습니다. 마음의 이완은 좀 더 편안한 상태에서 쑤심을 바라볼 수 있도록 도와주었습니다. 더 이상 쑤심은 참아야 하는 대상이 아니었습니다. 신기하게도 각각의 쑤심은 단 한 번도 같은 모습을 보여주지 않았습니다. 매번 다르게 나타나는 이들의 모습은 나의 관심을 더욱 자극했고, 놓치지 않고 바라볼 수 있게 해주었습니다.

쑤심은 나타남과 사라짐을 반복하고 있었습니다. 이들은 생멸(生滅)의 과정으로 변화하고 있었고, 땀과 눈물로 범벅이 되도록 매몰차게 밀어붙이던 쑤심이 한 놈이 아니었습니다. 그 사이 쑤심도, 이를 바라보는 마음도

있는 그대로

무수히 변화하고 있었습니다. 그뿐만이 아니었습니다. 통증은 나에게 집중이라는 또 다른 선물을 주었습니다.

　하나하나의 통증을 주시한 이후, 나의 집중력은 놀랄 정도로 향상되어 있었습니다. 내가 원하는 부위의 느낌을 마치 현미경으로 바라보듯 관찰할 수 있었습니다. 일례로 통증이 나타나면 마치 눈으로 바라보듯 몸의 느낌을 알 수 있었습니다. 중력에 의한 하중으로 몸은 뼈와 근육을 누르고 있었고, 근육은 혈관을 누르고 있었습니다. 눌린 혈관은 피의 원활한 흐름을 방해하고 있었고, 흐르고자 하는 피와 무게에 눌린 근육은 마치 창과 방패처럼 다툼을 시작했습니다. 이들의 다툼은 좀처럼 쉽게 끝날 기미를 보이지 않았습니다. 지속된 다툼은 열로 표현되고, 그 열은 머지않아 땀으로 표출되었습니다. 시간이 흘러 서로가 서로에게 조금씩 양보하자 새로운 길이 열렸습니다. 이제야 통증 하나가 사라진 것입니다.

　통증, 누구나 싫어합니다. 아마도 이것 때문에 많은 사람들이 수행을 멀리할 것입니다. 하지만 아이러니하게도 통증은 나에게 슬픔과 기쁨을 함께 안겨 주었습니다. 참기 어려운 고통이었기에 괴로웠지만 그만큼 강한 대상이었기에 놓칠 수 없었습니다. 매몰찬 통증은 제게 선물이었습니다.

1

위빠사나 수행의
핵심 기능

마하시 위빠사나 수행에는 강조하고 싶은 네 가지 핵심 기능이
있다. 이들은 '이름 붙이기', '주시', '알아차림', '의도'로, 이 네 가
지 기능이 제대로 작동할 때 수행은 발전을 이루게 된다. 주시할
대상에 마음을 모으기 위해 걸맞은 이름을 붙이는 '이름 붙이기'는
수행의 시작에서 주시와 알아차림의 힘을 기르기 위해 필요하다.
몸과 마음에서 일어나는 현상을 편견, 관념, 판단 없이 조급하거나
느슨하지 않은 균형 잡힌 마음으로 바라보는 주시, 그리고 대상에
대한 분명한 파악을 의미하는 알아차림이 성장하면 몸의 감각뿐만
아니라 선행하는 의도를 알 수 있게 된다.

있는 그대로

1. 이름 붙이기

대상을 주시할 때 이름(명칭)을 붙이는 것은 마하시 위빠사나만의 특징 중 하나이다. 이름 붙이기는 수행자가 주시할 대상(현상)에 마음을 모으기 위해 걸맞은 이름을 붙이는 것을 말한다. 배가 부풀면 '일어남[부품]'이라고 이름 붙이고, 배가 꺼지면 '사라짐[꺼짐]'이라고 이름 붙인다. 바람이 들어와 배가 팽팽하면 '팽팽함', 혹은 '단단함'이라고 이름 붙이고, 다리가 아프면 '통증, 통증'이라고 이름 붙인다. 이처럼 이름 붙이기는 좌선뿐만 아니라 모든 수행에 적용된다.

이 방법은 수행을 처음 시작하는 수행자들에게 도움이 된다. 왜냐하면 이름을 붙임으로써 주시하고자 하는 대상으로 마음을 모으는 데(Manasikāra, 作意, Attention) 도움이 되기 때문이다. 이름을 붙인다는 것은 주시의 영역을 확보해 주는 것이다. 수행자는 이름을 통해 그 영역으로 마음을 보내고, 그 영역에 담겨진 마음은 주시라는 관찰을 시작하게 된다.[*]

더 나아가 이름 붙이기는 수행자가 대상을 한 번 더 객관화하여

— 125 —

주시할 수 있도록 도와준다. 통증이 발생한 경우 수행자가 통증을 주시하는 과정에서 '통증, 통증'이라는 이름을 붙임으로써 통증을 바로 직면하는 것이 아니라, 대상과 거리 두기가 가능해진다. 수행자는 언어라는 매개체를 통해, 통증을 바로 느끼는 것이 아니라 한번 더 객관화시켜 바라볼 수 있게 된다.

하지만 이러한 거리 두기가 통증의 실제 모습을 있는 그대로 보기 어렵게 만들 수도 있다. 왜냐하면 대상의 이름을 부르는 순간만큼, 마음은 실제 대상이 아닌 이름을 붙이는 데 있기 때문이다. 이처럼 이름을 붙이는 방법은 장점과 단점을 모두 지니고 있다. 따라서 모든 수행자가 붙여야 하는 필수조건은 아니다. 무엇을 어떻게 이름 붙이든 수행자에게 중요한 것은 이름이 아니라 그 현상 자체를 정확하게 주시하는 것이다.

때로는 나타나는 현상에 대해 이름 붙이기가 애매한 경우도 있다. 이때 수행자는 그 상태를 알고 있다는 뜻으로 '앎, 앎, 앎'이라고 이름 붙여 주시하기도 하고, 이름 붙이는 것이 주시에 방해가 될 때에는 이름 붙이지 않고 그 현상만을 주시하기도 한다.

이름 붙이기는 수행이 진행됨에 따라 자연스럽게 떨어져 나가게 된다. 왜냐하면 주시와 집중의 힘이 커질수록 수행자는 언어로 개

---

* 정준영, 박성현, 「초기불교의 사띠와 현대심리학의 마음챙김」 『한국상담심리학회지』 제22권, (한국상담심리학회 2010)

넘화시키기 어려운 다양한 현상들을 경험하기 때문이다. 따라서 관찰의 과정에서 이름을 붙일 만한 틈이 사라지게 된다. 이름 붙이기는 마치 두 발 자전거의 뒷바퀴에 붙어 있는 보조 바퀴와 같다. 속도가 붙음으로써 안정감을 얻게 된 자전거는 더 이상 보조 바퀴가 필요하지 않게 될 것이다. 하지만 그 전까지는 많은 도움이 될 것이다.

이렇게 볼 때 이름 붙이기는 집착하거나 꺼려해야 할 방법이 아님을 알 수 있다. 초보 수행자가 자신을 위해 선택할 만한 옵션이라고 할 수 있다. 하지만 마하시 사야도는 초보 수행자들에게 대상에 이름 붙이는 방법을 소개했다. 이 책도 독자의 이해를 돕기 위해 현상에 이름 붙이기를 통하여 주시하는 과정을 설명한다.

이름 붙이기를 할 때 주의할 점

어떤 수행자는 한 번의 좌선 시간 동안에 이름 붙이기를 선택적으로 진행하기도 한다. 예를 들어 한 시간의 좌선 동안 이름을 붙이고 시작하여, 중간에 힘이 들어가는 것 같으면 임의로 이름을 뗐다가 다시 망상이 늘어나면 이름을 붙이는 것이다. 이렇게 이름을 붙였다 떼기를 스스로 조절하는 것은 현명한 방법 같지만 그렇지 못한 경우가 더 많다. 자신이 자신을 스스로 조절한다는 것이 쉽지 않기 때문이다.

따라서 좌선의 시작에 이름을 붙이기로 했으면 계속 붙일 것을 권유한다. 그래야만 한 시간 후에 자신의 상태를 객관적으로 파악할 수 있다. 자연스러운 호흡을 위해 이름을 붙이지 않겠다고 하는 경우, 대부분은 망상에 빠져 헤매기 쉽다. 주시의 힘이 강해지면 이름 붙이기는 알아차림의 자리로 녹아든다.

있는 그대로

2. 주시(注視, sati)

주시는 위빠사나 수행에서 가장 중요한 핵심 기능이다. 주시는 말 그대로 대상에 마음을 모아 자세히 살펴보는 것이다. 즉, 수행자의 몸과 마음에서 현재 일어나는 현상을 편견, 관념, 판단 없이 조급하거나 느슨하지 않은 균형 잡힌 마음으로 바라보는 것을 말한다.

주시는 빠알리어 '사띠(sati, 念)'의 번역어이다. 먼저 사띠란 산스크리트어의 'smṛ(기억하다)'를 어원으로 하는 용어로, 기억하다는 의미를 지닌 빠알리어 동사 '사라띠(sarati)'의 명사형이다. 따라서 초기경전 안에서 사띠는 크게 두 가지 의미로 사용되는데, 하나는 '기억'의 의미이고 다른 하나는 '주시'라는 의미이다. 이 두 가지 해석에 차이가 있다면, 기억은 이미 경험한 사실에 대한 마음의 작용을 말하고, 주시는 현재의 대상에 대한 마음의 작용을 말한다.

물론 주시와 기억을 유사한 의미로 이해할 수도 있다. 주시를 통해 대상을 알고 있는 상태는 찰나에 지나간 과거의 현상을 인지하는 것이기에 기억의 넓은 의미 안에 포함될 수 있다. 이러한 맥락에

현상이 일어나는 과정에 이들을 총괄하는 주관적 '나'는 존재하지 않는다. 오직 현상과 그것을 주시하는 마음, 그리고 또 다른 현상과 그것을 주시하는 또 다른 마음의 연속일 뿐이다. 따라서 현저한 느낌만을 마음속으로 이름 붙이면서 철저하게 주시해야 한다.

서 기억과 주시는 커다란 차이를 보이지 않는다.

하지만 이 책에서의 주시는 현재의 대상에 마음을 두는 의미로 한정하고자 한다. 이와 같은 사띠는 염(念), 억념(憶念), 의지(意止), 지념(持念), 수의(守意) 등으로 한역되었고, 불교학자들에 의해 마음챙김, 마음집중, 마음지킴, 알아차림, 수동적 주의집중 등으로 번역되었다.* 특히 마인드풀니스(mindfulness)라는 영역(英譯)은 최근 미국 안에서 명상의 열풍을 일으키는 데 크게 기여했다. 인지행동치료의 제3 동향으로, 명상의 새 이름으로 위빠사나 수행의 핵심 기능인 주시를 활용하는 것은 매우 반가운 일이다. 다만 현재의 실제(reality)만을 바라볼 수 있는 주시가, 과거나 미래의 개념(concept)까지 다루는 마인드풀니스로의 확장은 주의를 요한다.**

주시는 마치 시냇가에 앉아 물속에서 노는 고기를 놓치지 않고 들여다보듯이, 객관적인 마음으로 대상을 바라보는 것이다. 모든 현상의 일어나고 사라지는 변화를 연속적으로 바라보는 것이다. 주시는 대상을 조작하지 않고 잊지 않으며 포착하고 있는 상태를 말한다. 수행자가 주시를 가지고 있는 동안에는 대상을 놓칠 수 없으며, 만약 수행자가 대상을 놓쳤다면 그 순간 수행자에게 주시

---

* 정준영, 「사띠논쟁」『불교평론』 62호, (불교평론지, 2015)

** 정준영, 박성현, 「초기불교의 사띠와 현대심리학의 마음챙김」『한국상담심리학회지』 제22권, (한국상담심리학회 2010)

는 없는 것이다. 따라서 마음에 '주시'가 있는 동안에는 불선(不善, akusala)한 것이 들어올 수 없다. 이렇게 주시를 지속하면 그 현상에 대한 분명한 앎(正知, 알아차림, sampajañña)이 일어난다.

이와 같은 주시로 수행자는 배의 움직임을 관찰한다. 수행자는 숨을 들이쉴 때 나오고, 내쉴 때 들어가는 배의 움직임을 주시하는 것으로부터 시작한다. 배의 움직임이 길거나 짧거나, 분명하거나 그렇지 않거나, 배가 일어나는 상태에서의 팽창감, 단단함 그리고 그 외의 피부, 근육 등의 움직임, 또 배가 사라지는 상태에서의 수축감, 누름 등 여러 가지 변화를 놓치지 않고 자세히 주시해야 한다.

수행자는 일어남이라는 현상과 바라보는 마음이라는 주시가 일치할 수 있도록 노력해야 한다. 즉 배의 움직임과 그것을 주시하는 마음이 동시에 일어나듯, 주시와 배의 움직임이 밀착되어 거의 동일 선상에서 진행되어야 한다. 물론 처음에는 어렵지만 누구나 노력하면 이와 같은 면밀한 주시를 얻게 될 것이다.

주시할 때 주의할 점

배의 움직임을 주시하고 있으면 몸의 여러 곳에서 통증, 가려움, 저림, 답답함, 경직, 열기, 피로 등 다양한 현상이 일어난다. 이러한 현상들이 일어나면 수행자는 가장 두드러지는 현상으로 주시를

있는 그대로

옮겨 그 느낌에 따라 '통증, 통증, 통증' 또는 '가려움, 가려움, 가려움'이라고 이름을 붙이면서 주시한다. 배의 움직임보다 강한 현상이 나타나면 주시의 대상을 강한 쪽으로 옮기는 것이다.

이때 중요한 것은 이름을 붙이는 주시의 범위이다. '머리가 뻣뻣함', '얼굴이 간지러움', '손이 아픔', '허리가 아픔', '다리가 저림' 등으로 느낌이 발생한 부위까지 이름 붙이는 것이 아니라, 단지 발생한 느낌만을 '뻣뻣함', '간지러움', '쑤심', '저림'이라고 이름을 붙여 주시하는 것이다. 느낌이 발생한 부위까지 주시의 범위를 확장하면 내 머리, 내 얼굴, 내 손, 내 허리, 내 다리라는 자아관념이 활성화되어 객관적 주시는 흩어지기 십상이다.

이러한 현상이 일어나는 과정에 이들을 총괄하는 주관적 '나'는 존재하지 않는다. 오직 '현상'과 그것을 주시하는 '마음', 그리고 또 다른 '현상'과 그것을 주시하는 또 다른 '마음'의 연속일 뿐이다. 따라서 현저한 느낌만을 마음속으로 이름 붙이면서 철저하게 주시해야 한다. 이 과정은 쉽지 않다. 따라서 반복을 통한 인내는 필수 요소이다. 그러면 그 현상은 머지않아 사라질 것이다. 그 현상이 사라지면 다시 배의 움직임으로 돌아와, 일어나고 사라짐을 주시한다.

3. 알아차림(正知, sampajañña)

알아차림은 주시와 함께 위빠사나 수행의 양 날개 역할을 하는 주요 핵심 기능이다. 주시와 알아차림은 거의 동시에 일어나며 상호 보완적이다. 주시가 있으면 알아차림이 있고, 알아차림이 있으면 반드시 주시를 수반한다. 주시가 대상에 대해서 순간순간 놓치지 않는 마음 작용이라고 한다면, 알아차림은 대상에 대한 분명한 파악을 의미한다. 또한 알아차림은 주시와 지혜 사이에서 교량 역할을 하는 중요한 기능을 하고 있다.

알아차림은 빠알리어 '삼빠잔냐(sampajañña)'의 번역어이다. 삼빠잔냐는 바른, 정확한, 분명한의 의미를 지닌 '삼(sam)'과 강한 앎이라는 의미를 지닌 '빠자나(pajāna)'가 합성된 명사로 '알아차림', '분명한 앎(正知)' 등으로 번역한다.

알아차림은 대부분 주시와 함께 짝을 이루어 진행된다. 따라서 몇몇 학자들은 알아차림을 주시와 별도의 기능으로 볼 필요가 없다는 입장을 취하기도 한다. 물론 이 두 가지 작용은 거의 동시에 일어나며, 상호 보완적이다. 하지만 마음이 대상에 밀착되어 있는 상태와 그 밀착된 대상을 아는 상태는 서로 다르다. 예를 들어 농부가 호미로 밭을 갈 때, 호미는 땅을 고르는 역할을 하지 잡석의 많고 적음을 판단하지는 않는다. 호미가 땅을 고르는 일을 마음이 대상에 밀착되어 있는 주시라고 한다면, 잡석의 많고 적음을 판단하는 상태는 밀착된 대상을 아는 알아차림과 같다.

간혹 주시(sati)를 알아차림(awareness)으로 번역하는 경우도 볼 수 있는데, 이러한 번역은 재고의 여지가 있다. 왜냐하면 빠알리어 사띠(sati)라는 말에는 어원적으로 '안다(jānāti<jñā)'는 의미가 들어 있지 않기 때문이다. 하지만 삼빠잔냐에는 '안다'는 의미가 포함된다. 따라서 농부가 땅을 고를 때 호미의 역할이 사띠라면, 잡석의 많고 적음을 판단하는 일은 삼빠잔냐(알아차림)에 가깝다. 결국 '앎'의 의미를 지닌 알아차림은 사띠보다 삼빠잔냐에 가까운 번역어라 볼 수 있다.

주시와 알아차림은 매우 밀접한 관계를 가지고 있으며, 경전에서 이 둘은 쌍을 이루어 자주 등장한다. 수행자는 주시와 알아차림을 통하여 지혜를 얻는다. 주시가 바로 지혜를 이끄는 것이 아니다. 주시는 알아차림이라는 과정을 거쳐 지혜로 연결된다. 따라서 알아차림은 주시와 지혜 사이에서 교량 역할을 한다.

수행자는 아침에 눈을 뜨는 순간부터 저녁에 잠이 드는 순간까지 자신의 모든 행위를 주시하고 알아차려야 한다. 한순간의 방심도 없이 주시가 이어질 때, 알아차림이 일어나고 집중(定)과 지혜(慧)가 성숙한다. 하지만 굳이 주시와 알아차림을 구분하려 할 필요는 없다. 대상을 바라보고 면밀히 주시하면 알아차림은 자연스럽게 일어나고 지혜와 연결된다. 만약 이들을 의도적으로 구분하려고 하면 이는 오히려 망상이 될 것이다.

있는 그대로

4. 의도(意圖, cetanā)

의도란 행위에 앞서 나타나는 정신작용으로, 주시가 성숙되면 의
도를 알아차리는 힘이 생긴다. 즉, 행위에 앞서 무엇을 하려고 하는
의도를 파악할 수 있게 된다. 의도는 빠알리어 '쩨따나(cetanā)'의 번
역어이다. 쩨따나는 마음의 의미를 지닌 cit에서 파생한 여성명사
로, 행위를 하는 마음의 위치를 의미하며 의도, 적극적 사고 등으로
번역한다.

의도란 대부분의 움직임에 앞서 나타난다. 무엇을 하려고 하는
마음이 있었기에 그 행위가 일어난다. 하지만 사람들은 일상생활
을 함에 있어 의도를 알아차리지 못하고 행동한다. 예를 들어 누군
가에게 욕을 하는 경우에도 분명히 나를 보호하거나 상대방을 공격
하려고 하는 의도가 일어났기에 욕이라는 거친 말이 나온다. 만약
이러한 의도를 알 수 있었다면, 그에게 욕을 할 것인가 말 것인가에
대한 선택의 여지가 있었을 것이다. 하지만 안타깝게도 많은 사람
들은 그 순간에 튀어나오는 의도를 보지 못한다. 성냄의 강도가 강
해질수록 의도 역시 분명해짐에도 불구하고, 분노에 휩싸여 의도를

놓치게 된다. 결과적으로 서로의 마음에 상처를 내고, 후회하고 아쉬워한다. 또한 깊은 상처라는 기억으로 저장한다.

수행자가 어떤 행위를 할 때, 그 이전에 나타나는 의도를 알아차리는 것은 중요하다. 위빠사나 수행을 시작하는 초보 수행자는 먼저 몸과 마음에서 일어나는 동작과 감각을 주시한다. 그리고 머지않아 주시가 성숙하면 그 폭을 넓혀 수행자가 무엇을 하려고 하는지 의도를 파악하게 된다.

물론 수행을 막 시작한 초보 수행자가 의도까지 아는 것은 쉽지 않다. 이는 마치 이제 운동을 시작한 자가 무거운 역기를 들려고 하는 것과 같다. 주시의 힘도, 의도를 알아차리는 힘도 근력 강화와 유사하다. 지속적으로 노력하면 점차 무거운 역기도 들 수 있는 것처럼, 점진적으로 몸의 감각과 더불어 마음의 의도도 살필 수 있게된다. 따라서 보이지 않는 의도를 굳이 찾아내려 애쓸 필요는 없다. 다만 의도가 그 모습을 드러낼 때 그것을 놓쳐서는 안 된다.

의도적인 행위가 업이 된다

초기불교에서 의도는 매우 중요한 의미를 지닌다. 행위를 하기 전에 일어나는 마음의 작용인 의도가 초기불교 안에서는 업(業, kamma)을 만드는 중요한 심리적 역할을 한다. '의도가 업을 만든다'

는 붓다의 가르침은 불교와 다른 인도철학 사이에 나타나는 커다란 차이점 중의 하나이다.*

붓다는 『앙굿따라니까야』를 통해 "비구들이여, 나는 의도가 업(業, kamma)이라고 말한다"고 설한다.(A. III. 415) 우리가 의도하는 것이 업이 된다는 설명이다. 다시 말해 모든 행위가 업이 되는 것이 아니라 의도적인 행위가 업이 된다는 것이다. 이처럼 의도는 업을 만들어 내는 매우 중요한 요소이다. 결국 어떻게 의도하느냐에 따라 선업(善業, kusala kamma)이 될 수도, 악업(惡業, akusala kamma)이 될 수도 있다.

예를 들어 보시(布施, dāna)의 경우를 생각해 보자. 우리가 보시를 할 때에 주는 물건이나 행위가 선업을 만드는가? 아니면 줄 때의 의도가 선업을 만드는가? 붓다의 설명에 따르면 누군가에게 줄 때에 보시물은 수단에 불과하다. 왜냐하면 의도가 업을 만들지 보시물 자체가 업을 만들지 않기 때문이다. 따라서 주는 것 자체로 인하여 선업이 만들어지는 것이 아니라, 줄 때의 선한 의도에 의한 행위가 선업을 만든다. 그렇다면 우리는 큰 재물이 없어도 작은 의도로 시작하여 선한 업을 충분히 쌓을 수 있다. 반대로 악업도 마찬가지이다. 악한 행위 자체가 악업을 만드는 것이 아니라, 악한 의도에 의한 행위가 악업을 만든다.

---

* 정준영 옮김, 『불교의 기원』 민족사, 2019

붓다의 시대, 모든 행위가 업을 만드는 것이 아니라 의도적 행위가 업을 만든다는 설명은 매우 획기적인 발견이었다. 업은 과보(果報, 業報)를 수반한다. 모든 행위가 업이 된다면, 우리가 행한 모든 행위는 과보를 수반할 수밖에 없다. 결국 현재 나에게 일어난 사건을 과거에 지은 어떤 업에 의한 결과로 해석하게 되는 것이다. 이러한 발상은 결정론(宿命論)의 해석을 낳게 한다. 현재 나에게 일어난 사건은 이미 정해져 있는 숙명이 된다. 결국 자유 의지는 사라지고 행동에 제약을 받게 된다. 앞서 설명했던 바라문교의 계급사회(caste)처럼 모든 것은 이미 정해진 것으로, 바꾸는 것이 불가능하다.

또 다른 대표적 사례는 자이나교도들을 통해 볼 수 있다. 그들은 철저한 불살생과 비폭력을 주장하며 비의도적 행위까지 조정하기 위해 애쓴다. 심지어 모르고 밟아 죽인 개미까지 살생의 업을 짓는 것이기에 각별한 주의를 요한다. 열병에 시달리는 사람을 위해서도 찬물을 사용할 수 없다. 왜냐하면 찬물 안에 살고 있는 생명체를 죽일 수 있기 때문이다. 결국 농사를 지을 수도 없고, 옷을 입을 수도 없다. 일상생활이 불가능해진다.

북과 북채가 부딪쳐 둥둥 소리가 난다. 둥둥 소리는 북에서 나온 것인가 북채에서 나온 것인가? 이들은 조건이 맞아 소리가 난 것이지 북이나 북채 속에 들어 있던 것이 아니다. 현재에 발생한 일들은 선택과 조건의 연속선상에서 나타난 것이다. 특정 행위의 과보가

행위를 하기 전에 일어나는 마음의 작용인 의도가 초기불교 안에서는
업(業)을 만드는 중요한 심리적 역할을 한다. '의도가 업을 만든다'는
붓다의 가르침은 불교와 다른 인도철학 사이에 나타나는 커다란 차이
점 중의 하나이다.

숨어 있다 튀어나온 것이 아니다.

악행을 줄이고 선행을 늘린다

붓다는 변화와 발전을 강조했다. 모든 행위가 업이 되는 것이 아니라 의도적인 행위만 업이 된다고 했다. 현재 나에게 일어난 사건을 과거에 지은 어떤 특정의 업에 의한 결과로 제한하지 않는다. 현재 나에게 일어난 사건을 앞으로 어떤 의도로 다루느냐가 더욱 중요하다는 의미이다. 몸의 행위가 아닌 마음의 행위가 강조되는 까닭이다.

수행자는 행위 이전에 일어나는 의도를 주시하고 분명히 알아야 한다. 우리가 위빠사나 수행을 통하여 행위 전에 일어나는 의도를 알아차리고자 노력하는 것 역시, 몸(身), 말(口), 마음(意)으로 짓는 악한 행위(行)를 줄이고 선한 행위를 늘릴 수 있는 훈련이 된다. '업'을 조절한다는 것이 거창하게 들릴지 모르겠지만, 우리는 지금 이 순간에도 선업과 악업을 짓고 있다. 결국 지금 이 순간, 의도에 대한 주시를 통해 우리는 선업과 악업을 조정하게 될 것이다.

의도를 보는 방법은 멀리 있는 것이 아니다. 열심히 운동하여 근력을 키우듯, 주시의 힘을 꾸준히 늘려나가면 의도를 보는 힘도 커지게 된다.

의도는 좌선에 비해 행선 등의 움직이는 수행을 통해서 주시하기가 수월하다. 앞 장의 위빠사나 수행 방법에서 설명한 것처럼 일어나려 할 때 '일어나려 함', 행선 중에 멈추려 할 때 '멈추려 함', 돌아가려 할 때 '돌아가려 함', 앞으로 나아가려 할 때 '나아가려 함' 등이 의도를 알아차리는 것이다. 이러한 훈련을 통해 행선뿐만 아니라 몸과 마음의 수많은 작용 속에서 일어나고 사라지는 의도들의 움직임을 볼 수 있게 된다. 수행자는 의도와 행위의 인과관계를 여실히 볼 수 있게 된다.

2

위빠사나 수행의
장애

수행을 진행하는 동안 수행자는 많은 어려움을 겪게 된다. 수행자마다 얼굴이나 체형이 다르듯 생각도 습관도 다르기에 경험하는 장애들도 모두 다르다. 따라서 특별히 무엇이 장애라고 말하기는 쉽지 않다. 말 그대로 수행을 어렵게 하는 것은 무엇이든 장애라고 할 수 있다. 대부분의 초보 수행자들이 위빠사나 수행을 통해 경험하는 장애로는 통증, 가려움, 졸음, 망상이 있다. 수행이 진행되면서 열심히 수행한 수행자들에게 나타나는 또 다른 얼굴의 장애로는 특별한 경험을 빼놓을 수 없다.

누구든지 수행 중에 장애가 나타나면 싫어하는 마음과 벗어나고 싶은 마음이 함께 일어난다. 하지만 수행자가 장애를 대하는 가장

있는 그대로

바람직한 태도는 수용이다. 피하거나 저항하기보다 장애를 인정하고 받아들이는 것이다. 왜냐하면 장애는 수행의 결과 중 하나이기 때문이다. 다시 말해 수행하지 않으면 장애도 나타나지 않는다. 누군가 장애를 경험하고 있다면 수행을 하고 있다는 얘기이다. 쉬운 예로 달리기를 한다고 가정해 보자. 달렸기 때문에 숨이 차고 힘들다. 달리지 않았다면 숨이 차거나 힘들 일은 없다.

누군가 수행 중에 고요함과 평온함을 누리고 있다면 둘 중에 하나일 것이다. 몰입을 통한 선정에 들었든지, 망상에 빠져 헤매고 있는 것이다. 둘 다 위빠사나가 추구하는 상황은 아니다. 만약 초보 수행자가 장애 없이 수행을 진행하고 있다면 대부분 후자에 해당할 것이다. 안타깝게도 위빠사나 수행이라는 발전 과정은 고요하거나 평온하지 않다. 기존에 경험하지 못했던 온갖 고약한 손님들이 찾아온다.

대부분의 사람들은 146쪽의 그래프 A처럼 주시가 성장하면 이완도가 올라갈 것이라고 생각한다. 사실이다. 하지만 이러한 그래프는 명상과 일상생활의 단순 비교에 해당한다. 이완을 목적으로 하는 명상을 진행하면 주시가 성장하면 이완도 역시 올라가 일상생활과 비교할 수 없을 정도로 심신이 이완된다. 편안함을 느끼는 이유이다. 하지만 위빠사나 수행 장면에서의 주시와 이완은 그래프 B처럼 나타난다. 주시의 힘이 좋아질수록 현상들이 자세히 보이기 때문에 관찰 대상이 늘어나고 바빠진다. 몸의 생리적 이완도는 올라

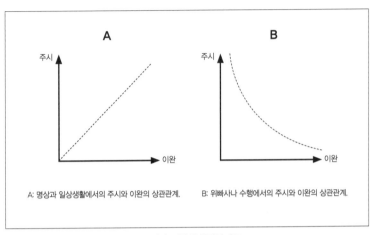

A: 명상과 일상생활에서의 주시와 이완의 상관관계.　　B: 위빠사나 수행에서의 주시와 이완의 상관관계.

◎ **주시와 이완의 상관관계** ◎

갈지 모르겠지만 관찰 대상에 대한 심리적 이완도는 떨어진다. 작은 현상도 크게 보이고 더 자세히 보이게 되며 작은 가려움이나 통증도 더욱 민감하게 경험된다. 때로는 이러한 민감함이 분노를 유발하기도 한다. 수행자는 주변 환경이 만족스럽지 못하거나 자신의 집중력이 흩어지는 경우 더욱 예민하게 반응할 수 있다.

　따라서 장애를 대할 때는 수용적 자세가 필요하다. 나타나는 현상에 특정한 의미를 부여하기보다 자연스러운 현상으로 받아들일 필요가 있다. 이것을 여실지견(如實知見), 있는 그대로 보기라고 한다. 장애를 인정하면 장애와 한판 붙어 나를 보호하려던 마음이 줄어든다. 싫어하는 마음과 벗어나고 싶은 마음이 일어나는 배경에는 감각적 편안함을 추구하는 내가 있기 때문이다. 장애에 주시하는

있는 그대로

순간 내가 들어갈 틈은 없다. 그러나 수용이 말처럼 쉽지 않다. 경험되는 현상에서 나를 빼기가 장애를 참기보다 어려운 게 사실이다.

부정적인 경험이든, 긍정적인 경험이든 장애는 수행의 발전 과정에서 나타나는 현상이다. 부정적 경험을 한다고 해서 수행이 퇴보했다거나, 긍정적 현상을 경험한다고 해서 수행이 진보했다는 생각은 어리석은 판단이다. 수행자가 장애를 만나고 경험하며 시달리고 있다면 수행이 진행되고 있다는 것이다. 즉, 장애는 수행의 발전 과정에서 나타나는 자연적인 현상이며, 수행자가 장애에 시달리고 있다면 괴로움의 극복 과정에 있다는 사실을 반증하는 것이다. 장애가 없음이 더 염려스러운 일이다.

생뚱맞은 것 같지만, 모든 현상은 일어나고 사라지기에 장애에 시달리는 동안에 자신의 계학을 다시 살피는 것도 방법이다. 정학(定學)에 대한 문제는 의외로 계학(戒學)에서 해결되기도 한다. 수행 중에 장애를 만나면 집중에 방해가 되는 주변 환경을 탓하기 전에 자신의 뿌리를 살펴봐야 한다. 여기서 뿌리란 계정혜 삼학의 계학, 즉 수행자의 도덕성을 말한다. 재가 수행자의 경우는 자신의 오계(五戒)를 살피는 것도 좋은 방법이다.*

---

* 정준영, 「명상의 부작용과 불교적해결방안에 대한 연구」 『불교학보』 제68집, (불교문화연구원, 2014)

1. 통증

   초보 수행자들이 수행 중에 몸의 자세를 바꾸거나 다른 어떤 행동을 하게 되는 원인은 주로 통증 때문이다. 이것은 일어날 때마다 부위도 다르고, 심리 상태에 따라서도 다르게 경험된다. 통증은 그야말로 달갑지 않은 불청객이다.

   통증을 만난 수행자에게는 먼저 인내심이 필요하다. 수행자는 통증이 생기더라도 움직이거나 자세를 바꾸기 전에 주시하려고 시도하는 것이 필요하다. 통증을 피할 대상이 아니라 주시의 대상으로 삼고자 하는 마음을 일으켜야 한다. '인내가 열반으로 이끈다'라는 말이 있다. 만약 수행자가 자세를 바꾸지 않고 통증을 인내하고 주시한다면 통증의 실제 모습을 보게 될 것이다.

   일반적으로 강한 통증이 일어나면 싫어함, 성냄, 회피, 혐오 등의 충동이 일어나 심신을 긴장시킨다. 이때 용기 있는 수행자는 그 괴로운 느낌을 피하지 않고 주시하는 것으로 정면 대결한다. 수행자는 '이 통증으로 인해 어떠한 일이 생길지라도 〔그 실상을 보기 전에는〕 절대 물러나지 않겠다'라는 각오가 필요하다. 이때 중요한 것은

있는 그대로

지나간 통증도, 다가올 통증도 아닌 현재의 통증을 주시해야 한다는 점이다.

간혹 지금의 통증을 과거나 미래로 연계시키는 수행자가 있다. 예를 들어 허리가 아프면 나의 안 좋은 디스크 사진을 연상하거나, 과거의 허리 다친 기억을 떠올린다. 교통사고를 경험한 사람은 그때의 통증이 지금 다시 나타나는 것이라 생각하기도 한다. 결국 현재 발생한 통증이 나의 건강을 더욱 악화시킬 것이며, 수행으로 해결할 수 있는 문제가 아니라는 결론을 내리게 된다. 수행의 과정에서 나타나는 현상에 대한 관찰을 포기하는 것이다.

하지만 이들은 모두 생각일 뿐이다. 다시 말해 수행자는 지금 이 순간의 통증을 주시하는 것이 아니라 망상을 하고 있다. 이들은 모두 통증으로부터 벗어나고 싶은 욕망이 일으킨 생각들이다. 수행자는 두려움 없이 통증과 직면해야 한다. '수행하다가 죽은 사람 없다'라는 말이 있다. 수행자는 용기를 내어 현재의 손님을 맞이해야만 한다.

통증에 대처하는 법

통증이 강하게 나타나면 긴장을 풀고 조급하지도 느슨하지도 않은 마음으로 통증을 주시한다. 수행자는 '통증, 통증, 통증' 하며 마

수행자는 일어난 통증을 놓치지 않으면 통증이 일어나고 변화하고 사라지는 과정을 정확하게 보게 된다. 이처럼 통증의 변화와 사라짐을 보는 것은 매우 중요하다. 더 이상 통증을 느끼는 '나'는 없다. 통증이 일어나고 일어난 통증을 바라보는 주시만 있을 뿐이다.

음을 통증에 밀착시킨다. 머지않아 통증이 하나의 모습이 아니라 여러 가지 얼굴을 지녔고, 또 지속적으로 변화한다는 사실을 알게 된다. 하나의 통증이 계속되는 것이 아니라, 통증들이 일어나고 변하는 흐름이 보인다. 더 나아가 반복하여 자극하다가 힘을 잃고 사라진다.

또한 통증이라는 이름이 없어지고, 통증이라는 감각은 있으나 아파하는 자가 없으며, 싫어하거나 회피하는 마음도 사라진다. 수행자는 일어난 통증을 놓치지 않으면 통증이 일어나고 변화하고 사라지는 과정을 정확하게 보게 된다. 이처럼 통증의 변화와 사라짐을 보는 것은 매우 중요하다. 더 이상 통증을 느끼는 '나'는 없다. 통증이 일어나고 일어난 통증을 바라보는 주시만 있을 뿐이다.

오랫동안 주시하였음에도 불구하고 통증이 사라지지 않으면 포기하거나 편하고자 하는 욕망이 커지게 된다. 수행자는 이러한 욕망 또한 놓치지 말고 '욕망, 욕망, 욕망' 하면서 편하고 싶은 마음을 알아차린다. 이렇듯 오랜 노력에도 불구하고 통증이 사라지지 않으면 자세를 바꿀 수도 있다. 자세를 바꿀 때는 먼저 편안한 자세로 바꾸려는 '의도'를 주시한다. 그리고 움직임을 알아차린다. 팔을 뻗고, 다리를 잡고, 내리고, 그리고 그에 수반되는 가능한 모든 움직임들을 세밀하게 주시한다. 이때 움직이고자 하는 의도, 자세를 바꾸는 과정, 그리고 편안해지는 느낌 모두 관찰의 대상이다.

하지만 수행자에게 무엇보다 중요한 것은 가능한 자세를 바꾸지 않고 통증을 주시할 수 있도록 인내하는 것이다. 수행자가 통증과 정면 승부를 보지 않는다면 언젠가는 그놈을 다시 만나게 될 것이다.

　통증을 주시할 때, 주의할 점이 있다. 가능한 몸의 부위나 위치를 언급하는 명칭은 피한다. 예를 들어 머리가 아픈 것을 '두통, 두통'으로 주시하거나 이가 아픈 것을 '치통, 치통'으로 이름 붙여 주시하지 말라는 것이다. 두통(頭痛)이나 치통(齒痛)은 통증이라는 감각 외에도 머리와 이라는 특정 부위를 포함한다. 이러한 명칭은 수행자에게 통증과 위치를 함께 생각하게 만든다. 몸의 부위를 생각하는 것은 실제 통증과는 또 다른 걱정을 만들어 낸다.

　몸에서 중요하지 않은 부분이 어디 있겠는가? 부위를 생각하면 통증이 발전하여 과거에 고생했던 기억이 떠오르고, 미래에 악화될 것이라는 걱정으로 확장되기 쉽다. 만성 통증의 원인도 여기에 있다. 우리는 통증 감각에 근심과 걱정을 담아 더 아파하고 더 집착한다. 따라서 통증이 일어날 때 통증의 부위와는 상관없이 감각 자체만을 주시한다. 모두 '통증'으로 통일하거나, 통증의 내용에 걸맞은 이름으로 주시하는 것이 좋다. 통증을 좀 더 세분화하여 '쑤심', '저림', '찌름', '뜨거움' 등 통증의 성질을 구체화하는 이름 붙이기도 효과적이다.

　통증을 다루는 데 있어 불편함이나 불쾌함 때문에 자세를 자주

있는 그대로

바꾸는 것은 바람직하지 못하다. 나도 모르게 슬며시 자세를 바꿨다거나, 바꾸면서도 바꾸는 진행 과정을 알아차리지 못했거나, 바꾸고 나서야 바꾼 사실을 아는 등 몸을 자주 움직인다면, 깊은 '주시'와 '집중(三昧, samādhi)'을 이루지 못하여 현상의 실상을 보기 어렵다.

2. 가려움

수행자는 머리, 얼굴, 몸통, 팔다리 등에서 가려움을 느낀다. 일반적으로 가려움이 나타나면 어느새 손이 다가가 가려운 부위를 긁음으로써 그것을 쉽게 해소해 왔기 때문에 커다란 장애라고 생각하지 않는다. 그런데 평소라면 잠시만 긁어도 사라질 가려움이 수행 중에는 참기 어려운 장애로 대두된다. 수행 중에 나타나는 가려움은 평상시와는 사뭇 다르게 다가온다. 가려움의 종류가 다른 것이 아니라 가려움에 대한 대처 방법이 달라야 한다는 것이다.

수행자에게 가려움이 장애로 나타난다는 것은 수행자가 무심코 긁지 않았다는 것을 의미한다. 무심코 긁지 않았다는 것은 수행자가 인내하고 자신의 현상을 바라보고 있다는 또 다른 표현이다. 즉, 가려움이 장애로 나타난다는 소식은 수행이 발전하고 있다는 청신호이다. 수행자는 가려움 역시 관찰의 대상으로 삼아 주시해야 한다. 수행자는 가려움이 나타나더라도 마치 통증을 관찰할 때처럼 신중하게 주시해야 한다.

있는 그대로

가려움 또한 주시가 섬세해질수록 확장된다. 가려움을 자세히 관찰하면 하나의 이름으로 정의할 만한 현상이 아니라는 사실을 알 수 있다. 수행자는 이 현상을 언어적으로 가려움이라고 표현했지만 자세히 살펴보면 마치 벌레가 스멀스멀 기어가듯 미세한 '진동'으로 이루어져 있기도 하고, 때로는 부어오르듯 '열'로 나타나기도 한다. 이처럼 수행자는 가려운 느낌을 주시함으로써 각각의 가려움이 가지고 있는, 그대로의 성질을 볼 수 있게 된다. 가려움의 관찰 역시 수행의 중요한 과정이다.

가려움에 대처하는 법

가려움의 주시가 말처럼 쉬운 것은 아니다. 가려움을 주시하면 가려움은 확장되고 수행자에게는 긁고 싶은 욕망이 일어난다. 이때 수행자는 무의식적으로 긁을 수가 있다. 하지만 가려움을 없애고자 바로 긁는 것이 아니라 먼저 가려운 현상과 긁고 싶은 욕망을 주시해야 한다. 긁고 싶으면 '긁고 싶음', 편안하길 원하면 '편안하길 원함'으로 그 욕망의 일어남을 주시하고, 가려움을 '가려움, 가려움, 가려움'으로 계속 주시하면 가려움은 머지않아 사라질 것이다. 수행자는 가려움의 사라짐을 면밀히 주시한 후에 다시 배의 움직임으로 돌아간다.

가려움이 사라지지 않아 견딜 수 없게 되었을 때에는 손으로 긁어서 이를 제거할 수도 있다. 이때는 먼저 긁고 싶은 욕망을 주시한다. 그리고 가려움을 긁어 없애기 위해 '손을 움직이려는' 의도를 알아차려야 한다. '긁고 싶음'이라는 욕망과 '긁으려 함'이라는 의도를 주시하고, 긁는 모든 움직임과 움직임 사이에 행위 하려는 의도, 그에 수반되는 모든 느낌[시원함, 개운함 등]까지도 놓치지 않고 주시해야 한다. 다시 말해 원하는 '욕망', 행위 하려는 '의도(마음)', 그리고 긁는 '행위(몸)'의 모든 미세한 동작까지 주시하는 것이다. 가려움이 사라지면 다시 배의 일어나고 사라지는 움직임으로 주시를 돌린다.

가려움은 통증에 비해 현상이 강렬하지 않기에 수행자가 긁고자 하는 욕망을 알아차리기 전에 긁어 버리기 십상이다. 하지만 수행자는 가려움과 같은 미세한 현상도 놓치지 않고 주시할 수 있도록 인내하고 노력해야 한다.

3. 졸음

수행 중에는 통증이나 가려움 외에도 많은 장애가 나타난다. 그중에 졸음은 또 하나의 커다란 복병이다. 자기도 모르게 잠에 빠져 시간 가는 줄 모르고 꿈속을 헤매기 일쑤이다. 그러나 수행 중에 졸음이 올 때는 졸음이 가장 현저한 주시의 대상이다. 따라서 수행자는 '졸음, 졸음, 졸음'이라고 이름 붙여 졸음을 주시한다. 졸음으로 고개가 처질 때는 '처짐', 눈꺼풀이 무겁고 답답할 때에는 '무거움' 또는 '답답함', 눈이 쑤시고 아플 때는 '쑤심' 또는 '아픔' 등으로 졸음에 관련된 모든 현상을 주시한다.

수행자는 졸음에 빠지기 전에 졸음이 보내는 신호를 주시할 수 있다. 수행자마다 조금씩 다르지만 몸의 일부가 무거워지는 느낌, 눈 부위의 몽롱한 느낌 등의 신호가 나타난다. 수행자는 이를 놓치지 않고 주시해야 한다.

그러나 졸음이 심할 때 그것을 이겨내는 것은 쉽지 않다. 왜냐하면 '졸음, 졸음' 주시하면서 어느 틈에 잠에 떨어져 버리기 때문이다. 다시 마음을 챙겨 주시를 시작하지만 어느새 또 꾸벅 졸게 된다. 졸음은 안개처럼 밀려와 어느 사이에 몸과 마음을 이완시켜 잠에 취하게 만든다. 주시하는 마음도 주시의 대상도 모두 잠에 취해 희미해진다. 결국 희미한 대상과 희미한 주시가 만나 잠에 빠지고 만다.

졸음에 대처하는 법

졸음은 고통스럽고 비능률적이다. 이럴 때일수록 수행자는 마음을 굳게 먹고 잠이 깬 주시와 잠이 깬 대상(현상)을 밀착시키도록 노력해야 한다. 혹시 다시 졸다가 깨어나면 절대로 졸지 않겠다고 마음을 굳게 먹고 다시 또 신선한 주시와 신선한 대상을 밀착시킨다. 이렇게 반복하면 웬만한 졸음은 물리칠 수 있다. 그래도 졸려서 도저히 못 참겠으면 살며시 눈을 떴다 감는다거나, 조용히 일어나 행선을 하다가 잠이 달아나면 다시 좌선을 시도하는 것도 좋은 방법이다.

앞서 행선에서 설명했듯이, 만약 행선 중에도 졸음이 심하다면 평소의 생활 패턴을 확인해 보는 것도 방법이다. 과도한 일에 시달리는지, 적절한 수면을 취했는지도 살펴야 할 것이다. 졸음이 너무 심하면 '10분 정도 잠을 자겠다.' '1시간 정도 잠을 자겠다'라고 다짐을 하고 일어날 시간을 생각하면서 잠에 드는 것도 방법이다.

있는 그대로

『앙굿따라니까야』의 설명에 따르면, 붓다는 수행 도중 졸음에 시달리던 목건련 존자에게 졸음을 극복하는 여덟 가지 방법에 대해 설명한다. ① 졸음의 원인이 되는 생각들을 떨쳐 버릴 것, ② 이전에 들은 가르침(法, Dhamma)을 상기할 것, ③ 가르침을 자세하게 반복해서 생각하며 외울 것, ④ 양 귓불을 잡아당기고 팔다리를 문지를 것, ⑤ 자리에서 일어나 찬물로 눈을 씻을 것, ⑥ 빛을 보는 광명상(光明想)에 주의를 기울일 것, ⑦ 행선(걷는 수행)을 할 것, ⑧ 사자와 같이 누워서 쉬되 일어날 시간을 정하고 잠에 들 것.(A. IV. 85)

이처럼 졸음은 초보 수행자든 신통 제일이든, 누구에게나 극복하기 어려운 장애이자 수행의 대상이다. 따라서 수행자는 이를 극복하기 위해 최선을 다해야 한다. 졸음은 분명히 극복될 수 있는 장애이다. 분명한 주시를 통해 졸음이 사라지고 정신이 맑아지면 수행자는 '맑아짐'이라고 주시한 후, 다시 배의 움직임으로 돌아간다.

4. 망상

인간은 크게 몸과 마음으로 구성되어 있다. 물론 이들을 둘로 나누는 것이 쉬운 일은 아니지만 일반적으로 마음은 정신적인 것으로, 몸은 물질적인 것으로 구분한다. 그리고 이 과정에서 많은 사람들은 마음이 몸을 조정할 수 있다고 생각한다. 사실 마음이 원하는 대로 몸의 동작이 가능하고, 마음먹은 대로 사물을 바라보거나 옮길 수 있기에 그렇게 생각하는 것은 당연하다.

하지만 정말 마음이 몸을 조정할 수 있을까? 예를 들어 배고픔이나 졸음을 마음대로 조정할 수 있는가. 마음먹은 대로 몸이 움직여 준다는 얘기는 몸과 마음이 서로 잘 타협하고 있을 때의 이야기이다. 이들 사이에 부족함이 생겼을 때는 상황이 다르다. 잠이 부족하면 의지에 상관없이 마음도 혼침과 졸음에 빠진다. 배가 고파도 의지에 상관없이 몸은 음식을 좇고 마음도 덩달아 몸을 따라간다. 결국 마음은 몸의 요구나 습관에 끌려 다니기 십상이다.

수행을 통하여 여러 장애들을 경험하며, 마음을 굳게 먹어도 몸에서 나타나는 현상을 주시하기가 쉬운 일이 아니라는 사실을 알게

있는 그대로

된다. 그렇다면 마음은 어떠한가? 마음이 마음을 다스리는 것 역시 여간 어려운 일이 아니다.

수행 중에 가장 어려운 장애로 손꼽히는 것이 바로 망상이다. 망상이란 수행자가 의도한 대로 진행되지 않는 '생각의 확산'을 말한다. 마음이 한 곳에 머물려 하지 않고, 걷잡을 수 없는 방향으로 펼쳐나가는 것을 말한다. 이러한 생각들은 대부분 현재 직면한 문제, 과거에 대한 후회, 미래에 대한 걱정, 감각적 욕망이나 분노에 의한 것들로, '나를 위해서는 이렇게 하는 것이 좋을 것이다'라는 생각을 강화시킨다. 따라서 오랜 시간 습관으로 고착된 망상을 버리는 것은 쉬운 일이 아니다. 초보 수행자의 경우, 5분만 망상 없이 원하는 대상에 마음을 둘 수 있어도 대성공이다.

어떤 수행자는 예상치 못하게 튀어나온 망상에 커다란 의미를 부여하기도 한다. 하지만 위빠사나 수행에서의 망상은 프로이트(Sigmund Freud)의 무의식이나 켄 윌버(Ken Wilber)의 그림자와 다르게 취급한다. 위빠사나는 건강한 자아(自我)를 추구하는 길이 아니다. 나라고 할 만한 것이 없음을 알고, 소멸을 통해 무아(無我)를 체험하는 길이다.

주시는 현재 나타난 의식만 다루기에도 벅차다. 현재의 의식도 빠르게 생멸한다. 보이지 않는 무의식에 의미를 부여하는 것은 마치 독화살을 맞은 자가 화살이 어디에서 왔으며, 독의 종류가 무엇인지, 누가 쏘았는지를 파악하려는 것과 같다.

수행자가 현재 원하는 대상에 마음을 두고 있지 못하는 상태가 망상이며, 대부분이 과거나 미래에 대한 생각의 확산으로 연결되어 있다. 따라서 현재하지 못 하는 생각은 의미를 부여하기보다 잠시 내려두는 것이 현명하다.

붓다는 『숫타니빠타』를 통해 '나는 있다'라는 망상에 기반을 두는 생각은 개인적으로든 사회적으로든 질병의 원인이 된다고 설한다.(Sn v. 530) 따라서 수행자는 자아 관념과 깊이 관련되어 있는 망상으로부터 벗어나야 한다. 『상윳따니까야』 역시 망상에 의해 '나는 있다'라고 생각하는 것은 마치 전쟁에 져서 손발과 목이 묶여 끌려가는 것과 같다고 설명한다.

> 비구들이여, '나는 있다'라고 망상(희론)하는 것은 손발이 묶여 끌려가는 것이고, '이것이 나이다'라고… 망상하는 것이 손발이 묶여 끌려가는 것이다. 비구들이여, 망상하는 것은 질병이고, 망상하는 것은 종기이고, 망상하는 것은 화살이다. 그러므로 비구들이여, 망상하지 않는 마음으로 지내야 한다.(S. IV. 203)

더 나아가 『숫타니빠타』는 수행자가 주시를 통해 망상으로부터 벗어날 것을 강조하고 있다.

있는 그대로

현명한 자라면 '내가 있다'고 생각하는 망상의 개념적 뿌리를 모두 제거하십시오. 어떠한 갈애가 안으로 있더라도 주시를 확립하여 그것을 제거하도록 수행하십시오.(Sn v. 916)

수행자는 수행을 통하여 자아 관념을 만들어 내는 망상을 제거할 수 있도록 노력해야 한다. 망상을 제거하기 위해서는 무엇보다 먼저 망상을 주시할 수 있어야 한다. 그렇다면 망상은 어떻게 주시해야 하는가?

배가 일어나고 사라지는 현상을 주시하다 보면 어느새 마음은 주시 대상을 떠나 정처 없이 방황하게 된다. 이러한 방황은 모든 수행자에게 일어난다. 다만 이것을 얼마나 빨리 알아차리느냐가 관건이다. 간혹 초보 수행자는 수행을 하면서 '나의 마음은 어디에도 방황하지 않았고, 항상 고요하다'고 말하기도 한다. 이런 경우는 대부분 망상이 무엇인지, 자신이 망상을 하는 것조차 알아차리지 못하고 있는 상태이기 십상이다. 사실 우리는 일상의 대부분을 망상에 젖어 산다. 이미 삶의 일부가 되어버린 망상을 잘라 내기는 정말 쉽지 않다.

다른 입장에서 생각해 보면 사람은 망상을 하는 것이 정상이다. 뇌 안의 860억 개가량으로 추정되는 신경세포가 지금 이 순간 무엇을 하겠는가? 특정 대상에만 마음이 머물러 있다는 것 자체가 모순일 것이다. 따라서 인간이 망상을 한다는 것은 지극히 자연스럽고 정상적인 것이다. 수행자가 망상이 많다는 것을 이유로 자책하거나 포기할 필요는 없다는 뜻이다.

하지만 수행자가 자신이 망상을 하고 있음을 알아차릴 수 있는 것도 사실이다. 사람은 자신이 하고 있는 생각이 무엇인지 알 수 있는 능력(metacognition, 上位認知)이 있다. 이러한 인간의 능력은 탈동일시를 통한 객관적 알아차림이 가능하게 만들어 준다.

위빠사나 수행 과정에서 망상을 대상으로 객관화시키고 주시하여 멈추는 작업은 중요하다. 초기불교에서의 망상은 아라한과(阿羅漢果) 즉, 깨달은 자가 되어야 멈춘다. 그렇다면 수행자의 역할은 무엇인가? 망상이 없기를 바랄 것이 아니라 끊임없이 나타나는 망상을 끊임없이 알아차리는 것이다.

물론 반복적인 훈련을 통해 나타나는 망상의 종류와 수준도 바뀔 것이다. 수행자가 부끄러워해야 할 일은 망상이 반복적으로 일어나는 것이 아니라, 지루한 수행을 망상으로 대체하여 즐기는 것이다. 어떤 사람은 고요한 수행 시간을 통해 기존의 고민거리를 해결하려고도 한다. 작심하고 사념을 확산하겠다는 것이다.

우리의 삶 안에서 망상은 거의 풀가동 상태이다. 깨어 있을 때에도 잠을 잘 때에도 망상은 지속적으로 진행된다. 따라서 귀하게 얻은 수행 시간은 끊임없는 망상의 작업을 잠시 쉬어 주는 기회의 시간이다. 공부 못하는 자가 쉬는 시간에 작심하고 공부하려고 한다.

———————

위빠사나 수행 과정에서 망상을 대상으로 객관화시키고 주시하여 멈
추는 작업은 중요하다. 초기불교에서의 망상은 아라한과(阿羅漢果)
즉, 깨달은 자가 되어야 멈춘다. 따라서 수행자의 역할은 망상이 없기
를 바랄 것이 아니라 끊임없이 나타나는 망상을 끊임없이 알아차리는
것이다.

즉 의도적인 사념의 확산은 오히려 자아관념을 키우는 것으로 본 수행의 목적에 반하는 작업이다.

망상에 대처하는 법

망상의 관찰이 어렵다고 해서 그냥 둘 수만은 없다. 수행을 시작하고 머지않아 마음은 어느새 과거나 미래에 대한 상념, 욕망, 증오 등에 빠져 방황한다. 마음이 방황한다는 사실을 알아차리고 다시 배의 움직임으로 돌아와 보지만 마음은 어느새 또 방황하고 있다. 이처럼 망상은 끊임없이 발생하여 수행자의 집중을 방해한다. 따라서 망상 역시 주시의 대상으로 삼아야 한다. 수행자는 자신의 마음이 방황한다는 사실을 알았을 때, 즉시 그 사실을 인식하며 '망상, 망상, 망상', 혹은 '잡념, 잡념, 잡념' 등으로 그 상태에 걸맞은 이름을 붙여 주시해야 한다.

이때 망상하고 있었음을 빨리 알고 그 생각을 멈추려 하는 것이 중요하다. 이렇게 하면 대부분의 망상은 사라진다. 마음으로 망상했음을 순식간에 알고 그저 넘어가는 것이 아니라, '망상, 망상, 망상'으로 망상을 했음을 분명히 알고, 망상의 소멸을 분명히 알고, 본래의 주시 대상으로 돌아가야 한다.

예를 들어, 주전자에서 찻잔으로 찻물을 따르고 있다고 생각해

보자. 그리고 찻물이 흐르는 것을 망상의 흐름이라고 가정해 보자. 찻물이 흘러 찻잔에 넘치고 있다면 어떻게 해야 하는가? 바로 주전자를 세워 멈춰야 한다. 몇몇 수행자들은 망상을 주시한다는 의미를, 찻잔이 넘치든지 말든지 그 흐름을 계속 바라보고 있는 것이라 생각한다. 이것은 망상을 주시하는 것이 아니라 망상을 즐기는 것이다. 찻물이 찻잔에 넘치는 것을 아는 순간 바로 멈춰야 하듯이, 망상이 마음을 채우고 있는 것을 아는 순간 바로 멈춰야 한다.

'망상, 망상, 망상'이라고 이름 붙이며 주시하였음에도 불구하고 망상이 쉽게 사라지지 않으면, 망상의 구체적인 내용을 주시하는 방법이 있다. 마음이 누군가를 만나는 상상을 했을 경우 '만남', 대화하는 상상을 할 경우에는 '대화함', 무언가 계획을 할 경우 '계획함', 무언가 인식했을 때는 '인식함', 행복을 느낄 경우 '행복함'과 같은 방식이 그것이다.

중요한 것은 망상의 내용을 따라가는 것이 아니라, 어떤 망상을 했는지에 대해서 분명히 알고 망상을 멈추는 것이다. 사실 수행자가 '망상, 망상, 망상'이라고 분명히 주시했다면 망상은 즉시 멈추게 마련이다. 그러나 그저 입으로만 '망상, 망상'을 읊조리며 실제의 망상을 분명히 주시하지 않으면 멈추지 않는다. 그렇기 때문에 '만남', '대화함', '계획함' 등 주시의 대상을 늘려 주는 방법을 쓰기도 한다.

이때 주의해야 할 것은 망상의 내용이나 장소에는 이름을 붙여 주시하지 않는다는 것이다. 예를 들어 수행처를 떠나 집에 가는 망상을 한 경우, '집에 가는 망상'으로 이름을 붙여 주시하는 것이 아니라 '가는 망상' 혹은 '감'으로 주시해야 한다. '집에 가는 망상'으로 이름을 붙여 주시하면 집에 대한 생각이 쉽게 끊어지지 않는다. 마찬가지로 '〔어느〕장소에 도착함', '산을 봄', '사람을 봄', '무엇인가를 가짐' 등과 같이 장소, 산, 사람, 무엇 등의 주어나 목적어 역할을 하는 생각에 이름(명칭) 붙이지 말고 단지 '도착함, 도착함', '봄, 봄', '가짐, 가짐' 등의 동사형 생각에 이름을 붙이면서 망상을 주시해야 한다. 주어나 목적어 역할을 하는 생각에 이름을 붙이면 자연스레 주어나 목적어를 연상하게 됨으로써 자신도 모르게 그 생각이 이어지고 확장되기 쉽기 때문이다.

하지만 생각의 행위〔동사〕에 한정하여 이름을 붙여 주면, 지금 자신이 망상하고 있다는 사실을 객관적으로 인지하는 데 도움이 된다. 예를 들어 아이스크림을 먹는 망상을 했다면 수행자는 '아이스크림, 아이스크림'으로 명칭을 붙이는 것이 아니라, '먹음, 먹음'으로 명칭을 붙여야 한다. 왜냐하면 '아이스크림, 아이스크림'으로 명칭을 붙이면 자칫 아이스크림의 종류와 맛별로 생각이 확산될 수 있기 때문이다.

수행자에게 있어서 망상은 주시해야 하는 또 다른 대상이다. 무

있는 그대로

슨 생각이 왜 일어났는가, 어디에서 왔는가 등 망상의 내용이 아니라 망상이 진행되고 있음을 주시하여 알아차리는 것이다. 이것이 현재의 주시와 알아차림이다. 망상도 여느 장애와 마찬가지로 계속 주시하면 힘을 잃고 사라진다. 이와 같이 수행하면 망상은 머지않아 모습을 감추게 될 것이다.

초보 수행자에게 무엇보다 중요한 것은 자신이 지금 망상에 빠져 있음을 아는 것이다. 처음에는 망상에 빠져 있다는 것을 아는 것만으로도 큰 성과이다. 수행자는 망상에 빠져 정처 없이 떠도는 자신을 발견하고는 놀라 실망하면서도 어느 사이에 또 다른 망상 속을 헤매게 된다. 수행자가 마음이 방황한다는 것을 알지 못하면 끝없는 망상에 빠져 헤매게 된다.

망상과 관련한 흔한 실수들

망상이 다루기 가장 힘든 장애라고 하는 데에는 그만한 이유가 있다. 왜냐하면 망상은 너무나 빠르고 교활해 주시를 놓치는 순간, 바로 망상의 세계로 빠지기 때문이다. 그만큼 망상을 둘러싼 수행자들의 어려움이 보고되고 있고, 흔히 범하는 실수들이 있다. 그 가운데 몇 가지를 추려보면 다음과 같다.

◎ 자신의 수행을 과거와 비교한다

위빠사나 수행을 진행하다 보면 몇몇 수행자는 자신의 수행을 과거와 비교하기도 한다. 예전에는 수행 시간이 빨리 지나갔으나 이제는 1분이 10분처럼 느껴지고 지루하다는 얘기다. 또한 예전에는 수행을 통해 고요하고 편안함을 느꼈으나 요즘은 망상이 많아 고요하지도 편안하지도 않다고도 한다. 많은 노력에도 불구하고 자신의 수행이 퇴보하고 있지는 않을까 염려한다.

◎ 수행의 기준을 주관적 시간의 흐름에 둔다

많은 수행자들이 수행이 잘되고 안되고의 기준을 시간에 두는 경향이 있다. 수행 시간이 빨리 지나면 수행이 잘된 것이고 수행 시간이 길고 지루하면 수행이 잘 안된 것이라고 판단하는 것이다. 이는 집중이 잘되면 시간이 빨리 간다는 주관적 경험에서 비롯된 판단이다. 이러한 판단은 객관성을 지니기 어렵다. 왜냐하면 간혹 자신의 몸과 마음을 바라볼 힘이 없는 수행자가 그저 망상을 즐겨도 시간은 빨리 지나가기 때문이다. 침대에 쪼그리고 앉아서 이런저런 생각을 잠깐 했는데 어느새 동녘이 환하게 밝아오더라는 이야기와 유사하다.

이런 경우 수행 시간이 끝난 후에 특별히 기억할 수 있는 알아차림이 없다. 그저 편안했고, 고요했고, 시간도 잘 갔기에 수행은 잘된 것이라 판단한다. 이것은 수행이라고 부르기 어렵다. 우리는 푹

있는 그대로

신한 소파에 앉아 있어도 편안하고 고요하다. 따뜻한 욕탕 속에 들어 있어도 편안하고 고요하다.

◎ 편안함과 고요함에 대해 잘못 알고 있다

수행의 편안함과 고요함은 기분으로 느끼는 것이 아니다. 몸과 마음의 이완에서 오는 편안한 느낌이 아니다. 이는 주시와 집중을 통해 대상에 마음이 모아져 있을 때 느끼는 편안함과 고요함이다. 다시 말해 대상과 밀착되어 있을 때 번뇌, 두려움, 공포, 불안 등이 들어올 틈이 없어 편안한 것이다. 또한 이러한 편안함과 고요함을 느낀 수행자는 수행 시간이 지난 후에 자신이 경험한 내용을 기억할 수 있다. 마치 재미있는 영화나 드라마를 보았을 때, 장면과 대사 그리고 스토리를 모두 기억하고, 동시에 시간이 언제 지나갔는지 모를 정도로 즐긴 상태와 유사하다. 다만 영화와 차이점이 있다면 그 재미있는 대상이 스크린이 아닌 수행자 안의 현상에 있다는 점이다.

◎ 수행 결과를 임의로 판단한다

수행자는 자신의 수행 결과를 임의로 판단해서는 안 된다. 수행자는 자신의 체험을 불교의 교리와 연결시키려 한다. 호흡의 반복을 통해 무상을 보았다고, 통증의 사라짐을 통해 소멸을 보았다고, 이것이 연기법이라고, 이것이 사성제라고, 이것이 선정이라고, 이

것이 몇 번째 지혜의 단계라고, 이것이 근접삼매라고, 자신이 경험한 내용을 스스로 판단하여 자신이 알고 있는 불교의 가르침이나 수행의 발전 단계에 붙이려고 한다. 이러한 생각은 불법(佛法)을 찾는 생각이지만 망상에 지나지 않는다. 지혜는 판단을 통해 얻는 것이 아니다.

◎망상이 없기를 바란다

망상을 주시함에 있어서 망상의 많고 적음을 파악하는 것은 부차적인 일이다. 나타난 망상을 얼마나 빠르게 주시하고 멈추느냐가 핵심이다. 망상이 없기를 바라는 것은 욕망이다. '망상하고 있음' 혹은 '망상했음'을 주시하는 것의 반복이 수행이다. 망상이 많음에 실망하기보다는 그동안 알아차리지 못했던 마음의 방황이 내 안에 깊이 뿌리박혀 있다는 사실을 아는 게 우선이다.

수행자가 주시하는 마음과 대상을 밀착시키면 현상은 더욱 선명해져 정확하게 구별된다. 이 순간 망상은 있을 수 없다. '일어남'과 '사라짐'의 과정을 명확하게 주시하는 동안에 그의 마음은 방황할 틈이 없다. 이런 상황에서 망상은 나타나기 어려우며, 망상을 하였을지라도 빠르게 그것을 알아차릴 수 있다.

◎망상을 즐긴다

다리가 저려 괴로움에 시달리는 경우 망상에 빠지기는 쉽지 않다. 왜냐하면 그만큼 다리의 통증이라는 대상이 강하고 현저하게 나타나기 때문이다. 그러나 통증이 약해지면 우리 마음은 다시 망상을 시작한다. 만약 배의 일어남과 사라짐을 주시하는 중에 망상이 떠오른다면 이것은 어떻게 해석할 수 있을까? 한마디로 배의 움직임에 대한 주시와 알아차림이 약했다는 것이다.

그런데 앞서 설명했듯이 어떤 수행자는 지루한 수행 시간을 회피하거나 보상받기 위해 망상을 만들어 즐긴다. 망상에 빠지면 주시하는 것보다 편하고 시간이 빨리 가기 때문이다. 하지만 참으로 어리석은 방법이다. 붓다는 『앙굿따라니까야』를 통해 수행자가 망상을 즐기는 것으로부터 벗어날 것을 강조한다.

> 망상에 몰두하고 망상을 즐기는 어리석은 자는 위없는 속박에서 벗어난 열반을 얻지 못하리. 망상을 버리고 망상이 없는 경지를 좋아하는 자는 속박에서 벗어난 열반을 성취하리.(A. III. 294)

5. 특별한 경험

　몸과 마음에서 일어나는 현상에 면밀한 주시가 지속될 때 수행자는 이제까지 경험하지 못한 여러 가지 느낌과 현상을 마주하게 된다. 그러나 이 또한 생멸의 현상이므로 어떤 느낌이든지 그 느낌에 따라 있는 그대로 주시해야 한다. 특히 환영, 환상 혹은 몸의 비의도적 움직임이 나타날 때에도 놀라지 말고 그 현상이 보이는 대로 주시한다.

　수행자에게 특별한 경험은 매우 흥미롭다. 전혀 예상하지 못했던 현상들이 나타나면 수행자는 이러한 현상들을 즐기거나 두려워하게 된다. 이때 수행자는 이 수행의 목적이 특별한 경험에 있는 것이 아니라 번뇌의 소멸에 있음을 다시 한 번 스스로 되뇌어야 한다. 수행자는 어떠한 느낌이나 특별한 현상이 나타날지라도 철저하게 주시하여 '실상을 파악함으로써' 잘못된 견해나 유혹에 빠지지 않도록 노력해야 한다. 하지만 이 역시 쉬운 일이 아니다. 대부분의 수행자는 그동안의 노력에 대한 보상이라 생각하고 그 결과를 즐기기 쉽다. 아니 한 번 경험한 현상을 다시 찾아 나서기도 한다.

좌선 중에 수행자의 머리가 움직이는 경우, 외부의 어떤 힘이 머리를 움직이게 하는 것처럼 느낀다. 전혀 예상하지 못했던 현상이 몸의 동작으로 나타나는 것이다. 이를 자세히 주시하려고 하면 동작이 더욱 커져 바닥에서 뛰기도 하고, 마치 춤을 추듯 온몸이 흔들리기도 한다. 대부분의 수행자는 갑자기 일어나는 현상에 놀랄 뿐만 아니라, 움직임에 마음을 두고 따라가 보기도 한다.

특별한 현상에 대처하는 법

특별한 현상이 자신에게서 일어난다는 사실이 처음에는 신기하지만 빈번히 반복되면 수행자는 지치게 된다. 이에 대한 대처에도 예외가 없다. 수행자는 먼저 나타나는 현상에 특별한 의미를 부여하지 말고 있는 그대로 받아들인다. 동시에 움직임을 즐거워하거나 두려워하기보다 멈출 때까지 놓치지 않겠다는 각오로 주시해야 한다. 보다 효과적인 주시를 위한 방법을 제안하면 다음과 같다.

예를 들어 머리가 돌아가면 그 머리 전체를 따라다니지 말고, 목에서 현저하게 구부러지는 부위를 제한하여 주시의 영역을 설정한다. 주시의 영역을 좁히는 것이 관건이다. 동작이 커지게 되더라도 커진 동작을 따라가며 주시하기보다 설정된 현저한 영역만을 주시하는 것이다. 이때 수행자가 몸에 힘을 주어 동작을 멈출 수도 있다. 하지만 힘으로 몸의 움직임을 조정하는 것은 권하지 않는다. 움직이는 그대로 놔두고 멈출 때까지 면밀히 주시하는 것이 올바른 접근 방식이다. 때가 되어 나타나는 현상이니 있는 그대로 봐주는 것이 수행자의 역할이다. 머지않아 제한된 주시의 영역에서 수행자는 그 현상의 실제 모습을 만나게 될 것이다. 생리적인 원인인지 심리적 원인인지 아니면 복합적인지, 수행자 스스로가 알아차려야 한다.

몸의 움직임은 심신의 불균형에서 나타나기도 한다. 위빠사나 수행에서는 이렇게 몸이나 마음에 특별하게 나타나는 현상을 희열(pīti, 기쁨)이라고 부른다. 희열은 수행자에게 기쁨을 주고, 더욱 정진할 수 있는 힘을 준다. 하지만 희열은 욕망이라는 번뇌를 일으키기에 주의해야 할 대상이다. 희열에 대해서는 4장에서 좀 더 설명할 것이다.

열심히 정진한 수행자에게 나타나는 10가지 특별한 현상

수행자가 주시를 통해 현재의 몸과 마음에 밀착할 수 있다면 10가지 특별한 현상이 나타나기도 한다. 위빠사나의 진행 과정에서 나타나는 현상들은 다음과 같다. 수행자는 ① 광명(光明, obhāsa: 강

위빠사나 수행의 목적은 특별한 경험에 있는 것이 아니라 번뇌의 소
멸에 있다. 특별한 현상에 집착하게 되면 이들의 특별함이 오히려 번
뇌를 일으킨다. 특별한 현상에 대한 집착을 버릴 때, 올바른 수행의
길로 들게 된다.

한 빛을 경험하고), ② 지혜(知, ñāṇa: 예리한 이해력으로 경전이나 가르침의 의미를 이해하고), ③ 희열(喜, pīti: 몸을 통하여 희열을 느끼고), ④ 경안(輕安, passaddhi: 몸과 마음이 안정되고 편안하며), ⑤ 즐거움(樂, sukha: 강한 즐거움을 느끼고), ⑥ 결심(勝解, adhimokkha: 신심이 강해지며), ⑦ 노력(努力, paggaho: 수행에 더욱 노력하여 전념하고), ⑧ 확립(現起, upaṭṭhāna: 주시가 확립되어 흔들리지 않고), ⑨ 평온(捨, upekkhā: 일어나고 사라지는 현상에 대해 평온해지며), ⑩ 욕구(欲求, nikanti)를 경험한다.(Vism. 633) 이러한 현상들은 열심히 정진한 수행자에게 나타난다. 그리고 10가지 현상들 혹은 현상 중의 일부를 경험하면 집착과 욕망이 일어나기 쉽다.

첫 번째로 빛을 경험하는 경우, 수행자는 밝은 색상들과 빛의 광선을 바라보는 동안 '밝음, 밝음'이라 주시해야 한다. 하지만 대부분의 수행자는 이러한 빛을 주시의 대상으로 삼기보다 좋아하게 된다. 빛은 여러 종류로 나타나기도 하는데, 그 밝음에 이 세상 전체가 밝게 보이기도 하고, 수행 홀이 천장이나 벽이 없는 것처럼 보이기도 한다. 어떤 경우는 빛들이 진짜인지 보기 위해 손으로 잡아 보려 하기도 한다. 수행 홀에서 문 쪽을 보았을 때, 너무나 밝았기에 문들이 열려 있는 줄 알았지만 문으로 가 보았을 때 문이 닫혀 있기도 하다. 마치 자동차의 전조등처럼 보이기도 하고, 빛의 덩어리가 곧장 나의 눈으로 날아오기도 하며, 나의 몸 안으로부터 빛이 나오기도 한다. 이러한 다양한 빛의 현상이 어떤 사람에게는 단지 한순간일 수도 있고, 어떤 사람에게는 보다 오래 지속될 수도 있다.

수행자에게 이러한 경험은 특별하다. 수행자는 이것을 좋아하게 되고 간혹 자신이 어떤 특별한 능력을 갖게 됐다는 생각에 빠지기도 한다. 하지만 이러한 현상은 머지않아 사라진다. 특별한 경험을 한 대부분의 수행자는 사라진 현상에 아쉬움을 느낀다. 왜냐하면 특별한 현상은 갈수기처럼 지루하고 매 마른 수행 과정에 내리는 단비처럼 신선하고 짜릿하기 때문이다. 많은 수행자들은 아쉬움에 다시 특별한 경험을 하고 싶어 한다. 찾아보고, 기다리고, 심지어 마음으로 만들어 보기까지 한다. 머지않아 수행자에게는 탐욕이라는 번뇌가 집착과 갈망으로 확장된다. 다시 말해 약이라고 느꼈던 것이 독이 되는 것이다.

위빠사나 수행의 목적은 특별한 경험에 있는 것이 아니라 번뇌의 소멸에 있다. 따라서 수행자는 지나간 과거의 현상에 집착해서는 안 된다. 위빠사나는 이러한 10가지 특별한 경험에 대해 '열 가지 위빠사나 번뇌(十觀隨染, dasa-vipassana-ūpakkilesa)'라고 부른다. 왜냐하면 이들의 특별함이 오히려 번뇌를 일으키기 때문이다. 수행자는 이러한 경험을 만났을 때 더 큰 번뇌로 확장되지 않도록 주의해야 한다. 오히려 이런 현상에 대한 집착을 버릴 때, 올바른 수행의 길(正道)로 들게 된다.

또한 모든 수행자가 같은 경험을 하는 것은 아니다. 수행자마다 서로 다른 경험을 하며 어떤 수행자에게는 자신이 특별한 경험을 했는지도 모를 정도로 빨리 지나간다. 그런가 하면 며칠에서 몇 주 동안 진행되는 경험도 있다. 따라서 이렇게 다양하게 일어나는 특별한 경험을 수행 발전의 척도로 삼는 것은 현명하지 못하다.

특별한 현상을 대처하는 것은 쉬운 일이 아니다. 그만큼 강한 의지가 필요하다. 스스로 극복하기 어려운 경우는 스승의 도움을 받는 것도 방법이다. 필자의 경우는 스승의 가르침에서 큰 도움을 받았다. 수행자가 특별한 경험으로부터 벗어나면 특별한 경험이라는 안경으로 바로보던 현상들을 다시 새롭게 마주해야 한다. 이 부분은 다음 장에서 다시 다루겠다.

특별한 현상도 주시의 대상이다

위빠사나 수행의 진행에 있어 일어나고 사라지는 현상은 주시의 중심 대상이다. 모든 수행의 원리는 여기에서 벗어나지 않는다. 몸과 마음에서 어떤 새로운 현상이 일어났을 때, 수행자는 그 현상을 철저하게 주시하여 그 현상의 일어나고 사라짐을 주시해야 한다. 그뿐이다. 그런 후에는 다시 배로 돌아와 '일어남'[들숨], '사라짐'[날숨] 하면서 면밀한 주시를 유지한다.

이러한 노력의 과정을 통해 주시가 향상되면 일어남과 사라짐

있는 그대로

은 하나로 연결되어 있는 것이 아니라 일어남의 끝과 사라짐의 시작 전, 그리고 사라짐의 끝과 일어남의 시작 전에 중지[멈춤]가 있는 것을 보게 된다. 그것은 제아무리 뾰족한 산이라도 더 이상 오를 수 없는 정상에는 크든 작든 밟고 설 땅이 있는 것과 같다. 수행자는 가능한 오르막과 내리막 사이의 편평한 땅과 같은 중지의 부분을 더욱 자세히 볼 수 있도록 노력해야 한다. 머지않아 수행자는 한 번의 일어남에도 시작과 중간과 끝이 있음을, 또한 한 번의 사라짐에도 시작, 중간, 끝이 있음을 보게 된다. 그리고 더 나아가 다시 일어남의 시작과 중간 사이에, 중간과 끝 사이에 미세한 중지가 있음을 보게 된다.

이러한 경험 역시 특별한 경험이다. 수행자의 주시와 집중의 힘이 향상되면서 현상에 대해 면밀한 주시가 가능해진 것이다. 이와 같은 주시로 수행이 진전되면, 몸에 대한 모든 현상이 사라지고 관찰할 대상이 없어 단지 아는 마음만이 남게 되기도 한다. 이때 수행자는 그 '알아차림' 자체만을 '앎, 앎, 앎'이라고 주시한다.

위빠사나 수행의 발전 과정은 간단하다. 이 과정은 지혜의 성숙 과정이고, 지혜의 성숙은 현재 경험하는 현상에서 자아관념이 얼마나 빠져나가느냐의 문제에 달려 있다. 쉽게 말해 자아에서 무아로 가는 과정이 위빠사나 수행의 발전 과정이다.

PART 4

위빠사나 수행의 발전

'어디 칼이나 톱이 없을까?'
'도려내고 싶다, 잘라 버리고 싶다…'

미칠 것만 같았습니다. 차라리 죽으면 죽었지 더 이상은 못 볼 것만 같았습니다.

작은 뜀이 시작된 지 2주째 접어들었습니다. 이 작은 현상이 나를 이토록 괴롭히리라고는 예상하지 못했습니다.

시작은 단순했습니다.

왼쪽 눈 밑에서 '뜀'이라고 이름 붙일 만한 작은 진동이 시작되었습니다. 마치 맥박이 뛰듯 천천히 지속되었습니다. 몸과 마음이 고요해진 터라 반복적인 뜀은 쉽게 관찰의 대상이 되었습니다.

'참 별의별 현상이 다 일어나는구나. 이 정도야 뭐…'

워낙 다양한 현상들을 경험한지라 이런 진동 정도는 하루거리도 안 된다고 판단하고 관찰을 시작했습니다. 예상했던 하루가 지났습니다. 현상이 계속 유지되면 관찰이 쉬울 텐데 볼 만하면 없어지고, 없어진 듯하면 다시 나타나고 정말 제멋대로였습니다. 맥박처럼 뛰는 이 현상은 쉽게 잡을 수가 없었습니다. 게다가 얼굴, 그것도 눈 밑에서 팔딱거리는 것이 여간 신경 쓰이는 것이 아니었습니다.

이틀이 지나고 사흘이 지나고 이 뛰는 현상은 나로 하여금 분노가 치밀어 오르게 만들었습니다. 쉽게 제 모습을 드러내지 않을뿐더러 사라지지도 않았습니다. 스승을 찾아가 여쭈었지만 늘 자세히 들여다보라는 일상적인 답변만 해주셨습니다. 시간이 흐를수록 사태는 점점 심각해졌습니다.

또 며칠이 지났습니다. 다시 스승을 찾아가 "미칠 것 같습니다, 어떻게 하면 좋겠습니까?" 하며 물었습니다. 스승께서는 내 괴로움은 안중에도 없는 듯 너무나 태연하게 '자세히 관찰하라'고만 하셨습니다. 밉고 서운했습니다. 난 미치고 팔딱 뛰겠는데 어쩜 저런 말만 하나. 스승의 답변에 힘이 빠졌지만, 다시 눈 밑을 바라보면 분노라는 힘이 솟구쳐 올랐습니다.

다시 또 며칠이 지났습니다. 칼이 있다면 눈 밑을 도려내고 싶었습니다. 톱이 있다면 목을 썰어 버리고 싶었습니다. 분노는 극에 달했고 더 이상 주체할 수가 없었습니다. 돌파구를 찾지 못한다면 정말 사고를 칠 것만 같았습니다.

'세상에 내가 이렇게 분노할 수 있다니…'

다시 스승을 찾았습니다. 이를 악물고 말했습니다.

"스님 미치겠습니다. 차라리 얼굴을 도려내고 싶습니다. 어떻게 할 수가 없습니다."

그때 스승은 내 눈을 바라보며 말씀하셨습니다.

"너 그거 아직도 좋아하니?"

그 외에는 더 이상 어떤 말씀도 없으셨습니다. 이해할 수 없었습니다.

'내가 이걸 좋아한다고?'

'저 양반이 노망 들었나?'

있는 그대로

'… 휴, 여기까지가 내 한계인가 보다.'

나는 다시 수행 홀로 돌아와 좌선을 시작했습니다. 그리고 스스로에게 잠시 되물었습니다.

'내가 이걸 좋아한다고?'

좋아하는 마음이 있는지 살펴보고 다시 뜀을 바라보았습니다. 정말 신기하게도 뜀은 한 번의 팔딱거림을 마지막으로 종적을 감추었습니다.

좋아한다는 것, 이것은 나의 집착을 말하는 것이었습니다. 나는 좋아한다는 이름으로 집착했을 뿐만 아니라 싫어한다는 이름으로도 집착하고 있었던 것입니다. 오히려 싫어한다는 마음이 더 강한 집착을 만들었기에 나는 집착에 싸여 있는 그 현상을 있는 그대로 바라볼 수 없었던 것입니다.

그때 알았습니다.

나는 싫어함에도 집착하고 있었다는 사실을….

1

마하시 위빠사나
수행법 총정리

지금까지 마하시의 위빠사나 수행법에 대해 많은 것을 설명했다. 그러나 정리하자면 몇 가지뿐이다. 앉아서 하는 수행은 배의 오르내림〔'일어남', '사라짐'〕을 주시의 '1차 대상'으로 한다. 서서 하는 수행은 〔짧은 시간에〕 주시하여 몸을 훑는 것으로 진행하며, 걸으며 하는 수행은 발의 움직임과 느낌〔'들어서, 앞으로, 놓음'〕을 주시의 1차 대상으로 삼는다. 그리고 누워서 하는 수행 역시 누운 상태에서 배의 오르내림〔'일어남', '사라짐'〕을 1차 대상으로 한다. 그 외에도 수행자는 동작을 통해 자신에게 현저하게 나타나는 몸과 마음의 현상을 주시한다.

수행자가 위의 방법을 통해 1차 대상을 주시하는 중 1차 대상보

있는 그대로

다 더욱 현저하게 나타나는 어떤 현상이 있다면 그것을 '2차 대상'으로 삼고, 1차 대상에 놓였던 주시를 2차 대상으로 옮긴다. 그리고 그 현상(2차 대상)이 사라지면 다시 1차 대상으로 돌아와 주시를 지속한다. 그리고 만약 2차 대상이 나타나지 않는 경우는 오직 1차 대상만을 놓치지 않고 계속 주시하면 된다.

정리하자면 간단하다. 저울에 물건을 올려놓았을 때 무게가 무거운 쪽으로 기울듯이, 몸과 마음에서 여러 가지 현상이 나타날 때 더욱 현저하게 나타나는 강한 현상으로 주시를 기울이면 되는 것이다. 이를테면 밥을 먹고 있는데 사납게 생긴 개가 주변을 어슬렁거린다면, 밥이라는 1차 대상 대신에 사납게 생긴 개라는 2차 대상을 먼저 관찰하여 그것이 사라진 다음에 다시 밥을 먹는 것으로 비유할 수 있다. 그런데 현저한 것이 무엇인지 구분하기 어렵다면 그때는 굳이 찾아볼 것도 없이 1차 대상으로 돌아오면 된다.

또한 이 수행은 내적통찰, 인사이트(insight)를 기본으로 한다. 따라서 주시의 대상이 외부로 나가서는 안 된다. 외부에서 소리가 들린다면 'ㅇㅇ소리', 'ㅇㅇ소리'라고 외적 대상을 주시하는 것이 아니라 듣고 있는 현재의 순간을 '들림, 들림'이라고 주시하는 것이다. 예를 들어, 수행 중에 음악 소리가 들리면 그 음악의 멜로디를 따라가며 알아차리는 것이 아니다. 음악의 선율이나 악기, 가사를 따라가는 것은 외적통찰(outsight)이다. 수행자는 음악 자체가 아닌 자신이 '듣고 있음'을 알아차려야 한다. 어떤 외부의 대상이 다가온다 할지라도 내적 주시가 진행되어야 한다. 어떤 형상인지를 구분하는 것이 아니라 '보임'으로 알아차린다. 어떤 냄새인지를 파악하는 것이 아니라 '맡음'을 알아차린다.

있는 그대로

1. 수행의 발전 과정에서 주의할 것들

위빠사나 수행의 발전 과정에서 수행자가 주의해야 할 점들을 몇 가지 소개한다. 이미 앞 장을 통해 장애와 관련하여 여러 가지를 설명했지만, 본격적인 수행의 발전 과정에서 좀 더 주의해야 할 부분을 골라 7가지로 살펴본다.

예상하거나 기다려서는 안 된다

몸과 마음의 현상을 주시함에 있어서 나타날 현상을 미리 예상하거나 기다리면 안 된다. 수행자가 배의 움직임을 통하여 '일어남'이나 '사라짐'을 주시할 때, 무엇이든지 '일어남'이 먼저 나타나면 '일어남'을, '사라짐'이 먼저 나타나면 '사라짐'을 주시해야 한다. 만약 사라짐의 주시 이후에 일어남이 나타날 때까지 기다렸다면 '기다림'이라고 주시해야 한다.

실제의 현상 이전에 나타나는 주시는 대상에 밀착된 주시가 아니라 주시한다는 생각에 불과하다. 항상 지금 이 순간의 것을 주시하도록 노력해야 한다. 이와 관련하여 우리는 수행자에게 다음과 같이 물을 수 있다.

"당신이 망상을 주시하고, 망상의 소멸을 주시한 후에 배의 움직임으로 돌아오면, 배의 일어남부터 주시가 됩니까 아니면 배의 사라짐부터 주시가 됩니까?"

대부분의 수행자는 이러한 질문에 "일어남부터 주시가 됩니다"라고 대답한다. 그 이유는 무엇인가? 수행자는 배를 주시하기 위해 일어남을 기다리고 있거나, 일어남을 인위적으로 만들어 내고 있는 것이다.

이러한 경우의 수행자는 다음과 같이 생각한다.

'망상에 대한 관찰이 끝났으니 이제 배의 움직임을 보자. 자 시작해 볼까. 일어남~.'

이것은 지금 이 순간의 것도, 자연스러운 현상도 아니며 나타날 현상을 미리 예상하거나 조작하는 경우에 해당된다. 만약 초보 수행자가 힘을 주어 배의 움직임을 조작하고 있는 자신을 발견한다면, 아무것도 하지 않고 잠시 현재에 머물러 있는 것도 방법이다. 자연스러운 호흡을 찾기까지 오래 걸리지 않을 것이다. 1분도 걸리지 않아 자연스러운 호흡이 살아날 것이다. 그래도 힘이 들어간 것 같다면, 잠시 명칭도 주시도 내려놓고 손을 배에 대고 있는 것도 방법이다. 호흡을 잊고 손에 닿는 감각을 느끼도록 시도해 보는 것이다.

있는 그대로

수행 중에 힘을 빼는 것이 힘을 주는 것보다 어렵다. 긴장과 이완의 균형을 잡기 위해서는 힘을 빼는 연습이 필요하다. 무엇을 예상하거나 기다린다는 것은 조작을 의미한다. 수행자는 현상을 조작하려고 하지 말고 있는 그대로 바라보기 위해 노력해야 한다.

대상을 인위적으로 만들어서는 안 된다

두 번째 역시 조작과 관련 있다. 주시를 위해 잘 드러날 만한 자극적인 대상을 인위적으로 만들거나 자연스럽게 나타나는 현상을 회피해서도 안 된다. 수행자는 주시할 대상을 잡기 위해 어떤 현상이나 행동을 고의적으로 만들어 내서도 안 된다. 구부림을 관찰하기 위해 일부러 구부리는 동작을 하거나, 호흡을 인위적으로 만들어서도 안 된다. 만약 이런 식으로 현상을 만들어 주시한다면 알아차리기 위해 뭔가 의도하고 기대하게 되는 습관이 생기기 쉽다. 이것은 수행자에게 탐욕을 불러일으키며, 이를 통해서 얻어지는 것은 없다. 또한 조작된 대상을 쉽게 바라보는 맛에 길들어져 정작 실상을 보기 어렵게 된다. 결국 몸과 마음에 힘이 들어가 수행은 점점 어려워질 수 있다.

마하시 위빠사나 수행에서의 조작적 행위는 초보 수행자를 위해 행선 등에서 조금 천천히 움직이는 정도로 적합하다. 일부러 스트레칭을 한다든지 요가 자세를 취하며 알아차림을 유도하는 것은 권하지 않는다. 스트레칭과 요가가 나쁘다는 것이 아니라 여실지견의 위빠사나와는 분리하여 진행할 것을 권유한다.

수행자에게 통증을 싫어하는 마음 혹은 장애로부터 벗어나고자 하는 마음이 일어날 수 있다. 싫어하는 마음은 성냄을 일으키고, 좋아하는 마음은 탐욕을 일으킨다. 수행자가 현재의 경험이 싫어서 무엇인가를 인위적으로 만들어 진행한다면, 그 안에서 새로운 탐욕과 성냄이 성장한다. 결국 수행은 어떤 방법을 사용하느냐가 아니라, 그 수행법에 어떤 마음이 함께하느냐의 문제이다. 수행자는 불편함을 벗어나려 하기보다 불편함을 수용해야 한다.

수행자에게는 배의 일어남과 사라짐보다 자극, 통증, 가려움, 뜨거움, 차가움 등 더 두드러지는 현상이 나타날 수 있다. 때로는 불안과 초조함이 몰려올 수도 있다. 이들은 괴롭고 불편하기에 회피하고 싶은 대상이지만, 수행자는 이러한 현상을 수용하고 있는 그대로 주시해야 한다. 여기서 중요한 것은 어떤 방법을 만들어 위기를 벗어나려 하기보다 이 현상이 사라질 때까지 인정하고 수용하여 주시하는 것이다. 수행자는 이러한 현상을 회피하지 말고 용기를 내어 끝까지 바라봐야 한다. 어떠한 방법이든 회피하기 위한 방법을 사용했다면, 그 현상은 머지않아 다시 만나게 될 것이다. 이것이 바로 지금 이 순간의 것을 있는 그대로 바라보는 것이다.

있는 그대로

여우를 피하려다 범을 만난다

속담 중에 여우를 피하려다 범을 만난다는 이야기가 있다. 다시 반복하지만 장애는 피해야 할 대상이 아니다. 수행자가 괴로움을 '괴로움'이라고 있는 그대로 주시한다면, 수행자는 괴로움의 실제 모습을 보고 알게 된다. 수행자가 수행을 하는 이유는 이처럼 괴로움을 괴로움으로 분명히 알기 위함이다.[*] 때로는 고통스러운 느낌을 참을 수 없거나 그것으로 인해 피해를 입을까 하는 두려움에 주시하기를 꺼린다.

하지만 이러한 종류의 괴로운 느낌은 수행 전에도 항상 생멸하고 있었다. 단지 일상의 거침에 가려져 알아차리지 못하다가 수행자의 마음이 고요해지고 주시와 집중의 힘이 좋아지면서 새로 발생한 것처럼 느껴지는 것이다. 이러한 통증은 조건에 따라 나타난 현상일 뿐이다. 하지만 수행자는 정작 자신의 주시와 집중의 힘이 발전하는 것은 알지 못하고 있다.

수행으로 인해 알게 된 고통을 주시하기 위해 수행자는 더욱 열심히 노력해야 하며, 이러한 문제는 노력으로 충분히 극복할 수 있다. 수행자는 괴로운 느낌을 두려워한다거나 실망하지 말아야 한다. 이것이 사라질 것이라는 자신감을 가지고 신중히, 균형 잡힌 마

---

[*] 정준영, 「붓다의 괴로움과 그 소멸」『괴로움, 어디서 오는가』, (운주사, 2013)

음으로 주시해야 한다. 괴로움은 오래가지 않아 극복된다. 만약 날카로운 것으로 찌르는 것과 같은 강한 통증이 나타나 두려움에 주시를 멈추었다면, 수행자는 이러한 통증을 머지않아 다시 만나야 할 것이다.

수행으로 인하여 나타나는 통증은 주시와 집중이 깊어졌을 때 수준에 맞추어 경험하는 현상이다. 다시 말해 수행자의 집중이 좋아지기 이전이나 수행하지 않을 때에는 경험하지 못한다. 장애는 맞춤형이다. 수행 중에 나타난 현상은 수행으로 해결해야 한다. 수행자가 이러한 통증을 계속 주시해 나가면 그 통증은 더욱 커질 것이다. 이때 수행자가 두려움이나 다른 이유에 의해 회피하고 주시를 멈춘다면 그 통증은 사라진 듯 숨는다.

하지만 주시와 집중이 좋아지면 그 통증은 다시 고개를 들 것이다. 자칫 수행자가 통증을 피하는 것에 익숙해지면 통증에 대한 주시는 점점 더 어려워지게 될 것이다. 그러므로 통증은 피해야 할 대상이 아니다. 커지는 통증에 대해 두려움 없이 정확하게 주시할 수 있다면, 그 통증은 점차 줄어들어 완전히 사라질 것이다. 수행자가 통증의 사라짐을 여실히 보았다면 그 통증은 더 이상 나타나지 않는다.

질병으로 인한 통증과 수행으로 인한 통증은 다르다. 질병으로 인한 통증은 수행 이전에도 나타나며 수행 중 주시의 힘이 좋지 못할 때에도 나타난다. 또한 이 통증은 주시한다 할지라도 쉽게 사라지지 않을 것이다. 따라서 질병에 의한 통증의 경우 수행에만 의존하기보다는 치료와 병행할 것을 권장한다.

그럼에도 불구하고 수행자는 질병에 의해 나타나는 통증이라도 꾸준히 주시해야 한다. 통증을 주시하고 있는 동안 집중이 강해지면 질병에 의한 통증이라 할지라도 사라질 것이다. 이렇게 사라진 통증은 수행자가 주시를 멈추어도 갑자기 돌아오지 않으며, 장시간 그 통증으로부터 자유로울 수 있다. 하지만 안타깝게도 얼마간의 시간이 흐르면 그 통증은 다시 돌아올 것이다. 수행자가 이와 같이 돌아온 통증을 또다시 주시하여 사라지는 과정을 몇 번 반복한다면 질병으로 인한 통증으로부터도 해방될 수 있다.

수행자는 괴로운 느낌이라는 넓은 범위에서 주시를 시도할 것이 아니라 가장 구분되는 통증, 가장 견디기 힘든 괴로움에 중점을 두고 '통증, 통증, 통증' 혹은 걸맞은 이름으로 끈질긴 주시를 해야 한다. 그러면 그 통증은 반드시 실상을 드러내며 사라질 것이다. 그러나 만약 통증이 정말로 참기 힘들어 더 이상 주시할 수 없다면 그 통증을 무시할 수도 있다. 하지만 이러한 경우, 수행자는 그 통증을 잊을 수 있을 정도로 다른 대상에 강하게 집중해야만 한다. 통증에 대한 온전한 주시가 일어나면 통증과 통증을 아는 마음만 있지 아파하는 자는 없어진다.

스스로 판단하지 말아야 한다

우리는 지금까지 수많은 판단과 함께 살아왔다. 사람은 스스로에게 유리하고 좋은 성과를 위해 끊임없이 판단을 활용한다. 그리고 판단은 과거의 기억에 의해 축적된 상(想, saññā)을 먹이로 삼는다. 하지만 기억에 의존한 상은 현실을 반영하지 못한다. 즉 판단은 편견과 선입견, 그리고 대중심리에 끌려다니기 쉽다. 수행자는 현상을 있는 그대로 보기 위해 기존에 쓰던 선입견이라는 안경을 벗어야 한다. 나에게 이롭다고 생각한 판단은 자아관념을 더욱 활성화시킬 수 있다. 위빠사나 수행 중에는 평생을 습관적으로 사용하던 판단을 내려놓고 무엇이 나타나든지 받아들이겠다는 자세로 주시할 것을 권유한다.

따라서 스스로 수행이 잘된다거나 잘 안된다고 판단하지 말아야 한다. 많은 수행자들이 수행의 호불호를 감각적 욕망에 기준하여 판단하려 한다. 수행의 목적은 탐욕, 성냄, 어리석음을 없애기 위한 것이다. 어떠한 경우에도 탐욕의 바탕 위에서 바른 주시가 생길 리 없다. 수행자는 좋고 싫음을 떠나 탐욕과 성냄이 들어오지 못하도록 노력해야 한다. 그런 후에야 비로소 수행은 바르게 향상될 것이다.

수행을 진행하다 보면 수행자가 만족할 만한 주시와 집중이 나타나기도 한다. 하지만 항상 잘되어 만족스럽기를 기대해서는 안 된다. 이와는 반대로 주시의 진행이 느려지고, 부정확해 불만족스러울 수도 있다. 이에 실망한다거나 포기해서는 안 된다. 이들은 수행 과정에서 나타나는 당연한 현상이다. 수행자가 생각이나 느낌에 대한 주시를 놓치지 않고 열성적으로 노력하면 이러한 위기를 충분히 극복할 수 있다.

수행이 잘되지 않을 때, 쉬운 방법으로 수행하려 한다면 주시의 힘이 좋아지지 않을 뿐만 아니라 나쁜 습관을 만들 수도 있다. 수행자는 주시가 잘되어 나타나는 '기쁨' 등의 좋은 상태뿐만 아니라, 주시가 잘되지 않아 나타나는 '싫어함' 등의 나쁜 상태 역시 놓치지 않고 주시해야 한다. 좋은 것이든 싫은 것이든 즉시 알아차린다면 이들은 사라질 것이다.

수행은 좋은 것을 추구하거나 나쁜 것을 멀리하는 것이 아니라 이러한 모든 현상을 그 자체로 받아들여 관찰하는 것이다. 그러므로 주시가 잘된다는 생각이 들 때도 무리해서는 안 된다. 마치 외줄타기를 하듯이 너무 빨라도 너무 느려도 안 된다. 수행자가 느슨하거나 의욕이 넘치지 않도록 균형 있게 주시한다면 주시의 힘은 바르게 성장할 것이다.

좋은 주시를 위한 기대감은 탐욕에 의해 생겨난다. 그러므로 좋은 수행을 갈망하거나 무리하게 시도하면 주시는 반대로 나빠질 수 있다. 위빠사나는 감각적 욕망을 추구하는 수행이 아니라 감각적 욕망에서 벗어나기 위한 수행이다.

싫어하는 마음은 성냄을 일으키고, 좋아하는 마음은 탐욕을 일으킨다. 수행자가 현재의 경험이 싫어서 무언가를 인위적으로 만들어 진행한다면, 그 안에서 새로운 탐욕과 성냄이 성장한다. 수행자는 불편함을 벗어나려고 하기보다 불편함을 수용해야 한다.

대상을 놓친 생각은 망상이다

수행과 관련한 생각이라고 할지라도 주시의 대상을 놓친 생각은 망상이다. 망상은 매우 교묘하다. 수행자에게 망상은 마치 지금 반드시 생각해야만 하는 숙제처럼 나타난다. 절대로 '나는 망상이다' 하면서 이름표를 붙이고 나타나지 않는다. 의외로 망상을 확인하는 방법은 간단하다. 주시를 놓쳤으면 망상이다. 원하는 대상에 마음이 머물러 있지 않으면 망상을 하는 것이다. 그리고 대부분의 망상은 그 주제가 과거나 미래에 있다. 생각의 내용이 과거나 미래의 것이라면 망상이다. 어느 수행자는 자신의 수행 경험을 다음과 같이 말하기도 한다.

> 나는 무상, 고, 무아를 볼 수 있었다. 배의 일어남은 현상의 생성이었고 배의 사라짐은 현상의 소멸이었다. 일어남과 사라짐의 과정은 항상 바뀌었다. 그러므로 무상했다. 알아차리는 노력, 이것 자체가 한 종류의 고통이었다. 그리고 몸의 형태가 사라졌을 때 나는 이것을 무아라고 알 수 있었다.

수행자의 이러한 표현은 수행을 통해 삼법인을 통찰하여 마치 지혜를 얻은 것처럼 들린다. 하지만 이러한 표현은 단지 생각일 뿐이다. 법(dhamma)에 대한 망상을 한 것이다. 무상(無常, anicca), 고(苦,

dukkha), 무아(無我, anattā)라는 속성은 생각으로 이해되는 것이 아니다. 오직 주시와 집중을 통해 모든 것이 매우 명징하게 체험되었을 때 저절로 알게 된다.

수행에 익숙해진 수행자에게 망상은 수행을 활용하여 파고든다. 감각적 욕망이 가득한 망상에 비해서는 고상해 보이지만 주시의 대상을 잃어버린 것은 마찬가지이다. 수행과 진리에 대한 생각이라 할지라도 망상은 망상이다. 수행의 발전에 이득을 주지 않는다. 망상을 파악함에 거래는 없다. 대상을 놓친 생각은 망상이다. 수행자는 이러한 생각을 놓치지 말고 '생각, 생각' 혹은 '망상, 망상' 하면서 주시해야 한다. 망상은 주시의 대상이다.

특별한 현상도 관찰의 대상이다

특별한 현상은 집착의 대상이 아닌 관찰의 대상이다. 몸과 마음에서 일어나는 현상에 밀착하여 면밀한 주시가 이루어지면, 일부 수행자들은 이제까지 경험하지 못한 여러 가지 느낌과 현상을 보게 된다. 그들은 빛을 보거나 숲 속, 구름, 집, 길, 사람들, 또는 동물 등을 보거나 죽은 몸이나 해골, 부푼 시체를 보기도 한다. 때로는 드론처럼 하늘을 날며 멋진 풍광을 즐기기도 한다.

수행자는 때로 피부가 찢어진 것처럼 그의 머리, 손, 다리 또는 몸의 일부가 떨어져 나간 것처럼 느낄 수도 있다. 자신이 존경하는 스승의 모습을 본 사람은 수행 중에 종교적 예배를 하기도 한다. 이런 경험을 통해 수행자는 기쁨과 행복으로 반응하기도 하고, 극심한 두려움을 경험하기도 한다.

하지만 이러한 현상이 나타난다 할지라도 기뻐하거나 두려워할 일이 아니다. 만약 이런 현상이 나타났을 때 기쁨이나 두려움에 빠진다면 주시는 형식화되고 알아차림의 진행은 무너질 것이다. 수행자는 존경하는 스승의 모습이 여실히 나타났다고 할지라도 그 모습에 예배해서는 안 된다. 이러한 행위는 연상 작용에 매몰되는 것이다. 현상을 객관적으로 바라보는 주시의 기능은 멈추게 될 것이다.

만약 수행자가 현상을 두려워한다면 싫어하는 성냄과 벗어나고 싶은 욕망이 나타날 것이고, 이 경우도 그동안 쌓은 주시를 무너트릴 것이다. 이러한 모든 광경과 현상은 특별한 사건이 아니다. 수행을 통해 외적 대상과의 접촉을 줄이고 내적 대상과의 만남을 늘리면 마음은 내적 형상화를 추진한다. 외부 대상과의 만남에 바빴던 마음은 그 속도를 유지한 채 내적 작용 안에서 활동한다. 즉, 마음 안에서 만들어진 형상은 생각의 작용일 뿐이다.

특별한 현상은 수행의 결과로 나타나는 비범한 결과가 아니라, 내면화 작용과 집중이 만들어 낸 허상이다. 마치 꿈처럼 생각에 이름 붙인 개념들이다. 물론 수행자의 주관적 입장에서는 새로운 경험이고 신비하지 그지없다. 눈앞에 두고 본 것처럼 시각화되었기에 수행자는 이것이 자신의 생각에서 비롯된 허구라는 사실을 알아차리기 어렵다. 그러나 이것은 진짜가 아니다.

수행의 과정에서 수행자는 언제든지 이와 같은 경험을 할 수 있다. 이것을 특별한 능력으로 받아들이지 말고 '보임, 보임' 하며 관찰의 대상으로 삼아야 한다. 집착 없이 주시하면 곧 사라질 것이다. 만약 그것을 즐겼거나 좋아했거나 예배를 올렸거나 두려워했다면, 그러했음을 알아차리고 즐기거나 두려워하는 생각을 버리고 관찰 대상으로 삼아 주시를 지속해야 한다.

환상이나 특이한 영상이 두세 번의 주시 이후에도 사라지지 않을 때는, 반복적으로 '보임, 보임' 하며 그 현상이 없어질 때까지 주시해야 한다. 그리고 그것이 사라졌을 때에는 1차 대상인 배의 일어남과 사라짐으로 돌아간다.

수행자는 수행의 진행 과정에 대해 여기저기에서 보고 들은 것이 있기에 은근히 무엇인가를 기대하기도 한다. 기대감이 증폭되면 빠른 마음이 이미지를 만들어 낸다. 특히, 수행처 안에서 종일 앉아 마음만 다루는 경우는 연상 작용을 통해 이미지를 생산하기가 더욱 수월하다. 수행자는 특별한 현상을 기대해서는 안 된다. 왜냐하면 특별한 광경 또는 빛은 모든 사람들에게 공통적으로 나타나는 것이 아니기 때문이다. 이는 마치 앞서가던 사람이 넘어진 곳에서 내가 똑같이 넘어지길 기대하는 것과 같다. 수행자는 이러한 것을 경험

있는 그대로

하지 않을 수도, 보지 못할 수도 있다. 특별한 현상이 결코 수행의 발전을 의미하는 것이 아니다.

혹자는 마음에서 만들어진 환상이나 망상을 전생의 모습, 혹은 무의식의 표출, 그림자 등으로 표현하여 커다란 의미를 부여하기도 한다. 일상에서 가면(persona)에 갇혀 살다가 본능적 무의식이 표출된 것이기에, 혹은 과거의 트라우마(Trauma)가 나타난 것이기에 이러한 모습을 존중해 줄 때, 겉과 속이 모두 건강한 자아로 성장할 수 있다는 설명이다. 심리적으로 건강하지 못한 사람은 이러한 분석과 상담을 통해 지지와 위로를 받고 자아 존중감을 키우는 작업이 필요할 것이다.

하지만 위빠사나 수행은 자아 존중감을 키우기 위해 무의식에 의미를 부여하는 작업이 아니다. 물론 위빠사나의 초기 과정은 주시의 탈자동화 기능을 통해 심리 치료적 역할을 하지만, 궁극적으로는 건강한 사람을 성인(聖人)으로 만드는 '종성(種姓)'을 바꾸는 과정'이다. 초기불교는 무의식을 논하지 않는다. 심지어 의식도 빠르게 생멸하기에 그 안에서 변화와 소멸을 보려고 노력한다. 그 안에서 나라고 할 만한 것이 없음을 찾아가는 과정이다.

초기경전(S. I. 191)의 설명에 따르면 붓다의 시절, 오백의 아라한들 중에 초선(初禪)에서 사선(四禪)을 경험한 혜해탈(慧解脫)의 아라한이 320명, 육신통(六神通)을 경험한 아라한은 60명, 삼명(三明)

만을 경험한 아라한이 60명, 그리고 모든 색계무색계 선정과 상수
멸정(想受滅定)까지 경험한 양분해탈(兩分解脫)의 아라한은 60명이
었다고 한다. 같은 아라한이라고 할지라도 서로 다른 경험이나 해
탈의 과정을 통해 열반을 성취한다는 것이다.[*] 따라서 특정한 현상
에 대한 기대는 버려야 할 집착이다.

수행자는 무엇이 대상으로 나타나든 그 현상을 선명하게 주시하
겠다는 결심으로 몸과 마음에서 일어나는 현상을 정확하게 주시해
야 한다. 특별한 현상의 경험 유무가 수행의 발전 수준을 결정하는
것이 아니다. 수행의 경력이나 햇수가 고수와 하수를 구분하는 것
이 아니다. 현재 이 순간에 머무는 사람은 고수이고, 과거나 미래에
머무는 사람은 하수이다.

가시 달린 아름다운 꽃에 주의하라

희열(pīti, 기쁨)은 가시 달린 아름다운 꽃과 같다. 흔들림, 오싹한
전율, 부드러운 진동, 장시간 전율하는 쾌감, 잔물결과 같은 소름
등의 느낌은 몸과 마음의 현상으로, 희열에 의해 일어난다. 수행자

---

[*] 정준영, 「두 가지 해탈의 의미에 대한 고찰」 『불교학연구』 제14호, (불교학연구회, 2006)

는 이러한 희열을 즐기거나 두려워하지 말고 있는 그대로 주시해야 한다. '흔들림', '떨림', '전율', '진동', '소름' 등으로 주시한다. 이름 붙이기가 애매할 때는 '앎' 등의 이름으로 그것이 사라질 때까지 주시해야 한다. 『청정도론』은 다섯 가지 희열에 대해 다음과 같이 설명한다.

> 이들은 몸의 털을 곤두서게 하는 작은 희열, 순간에 번개처럼 일어나는 순간의 희열, 해안의 파도처럼 물결치듯 반복하는 희열, 공중부양처럼 몸을 뛰어오르게 하는 희열, 그리고 온몸을 적시듯이 충만한 희열이다.(Vism. 143)

특히 희열은 수행자가 즐기거나 빠져들기 쉽기에 가능한 객관적으로 주시해야 한다. 그리고 희열이 사라진 후에는 같은 현상이 다시 나타나기를 기대해서도 안 된다. 희열은 수행자에 따라 짧게는 몇 초에서 길게는 며칠, 몇 주에 걸쳐 다양하게 나타난다.

희열은 수행을 더욱 정진하도록 만드는 원동력임과 동시에 강한 집착을 만든다. 희열을 통해 수행의 지루함을 벗어난 수행자는 마치 중독이 되듯이 희열에 매달린다. 희열이 사라지면 다시 나타나길 바라는 탐욕을 일으킨다. 따라서 짧게 경험한 희열은 잊어버리고 현재의 대상에 충실하면 된다. 길게 경험되는 희열은 억제하지 말고 소멸할 때까지 주시하여 그 소멸을 분명히 관찰하는 것이 중요하다. 수행자는 희열의 실제 모습과 소멸을 분명히 알아야지만 집착하지 않는다.

간혹 단체수행 중에 희열이 일어나면 주변을 의식하기에 스스로 억제하거나, 지도자에 의해 제지당하는 경우가 있다. 하지만 희열은 희열 자체가 여실히 보일 때까지 충분한 시간을 가지고 알아차리는 것이 중요하다. 희열이 제멋대로 춤추게 놔두어야 한다. 때로는 희열이 지겨워질 때까지 함께해야 희열의 속성을 알 수 있다. 그 속성을 알면 다시는 집착할 대상이 아니라는 사실을 알게 된다. 수행자는 부끄러워하거나 두려워할 필요가 없다. 수행자에게 맞는 시기가 되어 나타난 것이니 수용하고 바라보면 된다. 묵묵히 주시하기를 반복하면 머지않아 객관적으로 응시하는 힘을 가지게 된다.

이들은 아름다운 꽃처럼 수행자를 기쁘게 하지만, 이들을 쥐려고 하는 순간 독한 가시에 찔리게 될 것이다.

2

위빠사나 수행의
발전 과정

내가 지금 경험하는 현상들은 올바른 길인가? 나는 앞으로 어떤 길로 가게 될까? 이 경험은 잘못된 것이 아닐까? 대부분의 수행자는 이러한 고민을 할 것이다. 다행히 위빠사나 수행은 그런 고민에 답을 해줄 수 있는 오랜 기록들이 남아 있다. 아마도 현재 세상에 소개된 수많은 명상법 중에 위빠사나 수행만큼 발전 과정을 자세히 설명한 것은 찾아보기 어려울 것이다.

붓다의 입멸로부터 약 1000년이 지날 무렵, 인도의 유학승 붓다고사(Buddhaghosa)는 스리랑카의 대사파(大寺派)에서 『청정도론』이라는 책을 쓴다. 이 책은 붓다의 시대부터 상좌부불교에 이르기까지 진행했던, 사마타와 위빠사나 수행의 내용과 그 발전 과정을 기록하고 있다. 그리고 이 책은 다시 발간 후 1600년이 지난 현재까지도 사마타·위빠사나 수행 실천의 기준이 되고 있다.

이처럼 위빠사나 수행의 발전 과정은 오랜 역사를 통해 수많은 지도자들과 수행자들의 경험을 통해 확인되었다. 특히 현재 소개하고 있는 마하시 위빠사나는 마하시 사야도가 『청정도론』을 기준으로 수행의 발전 과정을 다시 현대적으로 정리한 것이다. 그는 처음 수행을 시작한 초보 수행자들이 열반을 체험할 때까지의 다양한 사례와 발전 과정들을 재정리했다. 물론 이 과정을 천편일률적으로 적용하기에는 어려움이 따르는 것이 사실이다. 그럼에도 불구하고 모르는 길을 가는데 지도가 있는 것과 없는 것은 천지차이이다.

있는 그대로

1. 자아에서 무아로 가는 과정

위빠사나 수행의 발전 과정은 간단하다. 이 과정은 지혜의 성숙 과정이고, 지혜의 성숙은 현재 경험하는 현상에서 자아관념이 얼마나 빠져나가느냐의 문제에 달려 있다. 쉽게 말해, 자아에서 무아로 가는 과정이 위빠사나 수행의 발전 과정이다.

우리가 경험하는 몸과 마음의 현상들을 각각 분리하여 개별적으로 이해하는 것은 어렵다. 이들은 너무나 순식간에 일어났다가 사라진다. 하지만 이들을 각기 다른 개별적 현상으로 보지 못하면 이들에 대한 왜곡이 일어난다. 왜냐하면 총체적으로 나타나는 현상을 경험하고 주관하는 실체가 있다고 생각하기 때문이다. 보고, 듣고, 맡고, 맛보고, 느끼고, 생각하는 것이 바로 '나'라는, 고정된 자아관념으로 발전하는 것이다. 변함없는 내가 이 세상에 태어나 살아가고, 말하고, 생각하고, 행동하고 있다고 생각하게 된다. 어린 시절의 내가 지금의 나인 것이다. 지금 살아 있는 내가 죽은 후에도 나인 것이다.

그러나 실제로 고정된 '나'는 존재하지 않는다. 어린 시절의 나는 지금의 나로 변했다. 이름만 같을 뿐, 생김새도 좋아하는 음식도, 성격도, 희망도 모두 바뀌었다. 몸 안의 수많은 세포들도 수없이 바뀌었다. 이 안에는 오직 물질과 정신적 현상의 끊임없는 순환 과정만 있을 뿐이다.

사람은 여섯 가지 감각 기관인 눈(眼), 귀(耳), 코(鼻), 혀(舌), 몸(身), 생각(意)을 통하여 들어오는 형상(色), 소리(聲), 냄새(香), 맛(味), 촉감(觸), 생각의 대상(法)을 받아들여 좋다, 싫다, 좋지도 싫지도 않다는 세 가지 대표적 느낌으로 분류한다. 그리고 다시 여러 가지로 경험된 기억을 통해서 비교, 판단, 분별하여 '이것은 어떤 것이다'라고 하는 개념을 만들어 낸다. 이 기준에 좋은 것은 애착하고, 나쁜 것은 싫어하는 마음을 일으켜 '나는 이것을 좋아한다', '나는 이것을 싫어한다' 등 탐욕, 성냄, 어리석음으로 형성된 '나'라는 아집을 더욱더 굳게 만들어 간다. 이 모든 과정은 빈틈을 찾기 어려울 정도로 순식간에 일어난다.

초기경전은 우리가 경험하는 다양한 인식의 과정을 자세히 설명하고 있다. 그중 「마두삔디까 숫따」를 살펴보면 인간은 다음과 같은 인식의 과정을 거치게 된다. 먼저 시각(根), 형상(境), 그리고 시각의식(識)이 있을 때에 이 세 가지 요소의 결합, 즉 접촉(觸)이라고 불리는 것이 일어나고, 이 접촉으로 인해 느낌(受)이라고 불리는 것이 생겨난다고 설명하고 있다. 이러한 세 가지 요소의 결합은 시각뿐만 아니라 몸과 마음을 원인과 조건으로 하여 청각, 후각, 미각, 촉각, 그리고 정신에서 모든 형태의 접촉을 만들어 내고, 이 접촉은 느낌의 원인과 조건이 된다. 접촉으로 인해 좋거나 싫거나 좋지도 싫지도 않은 느낌들이 생겨난다.

그러므로 이 느낌에 대한 주시가 바르게 나타나지 않으면 지각과 생각의 작용에 이어 망상이 일어나고 '망상에 오염된 지각과 관념'이 생겨난다는 것이다. 그리고 망상에 오염된 지각과 관념은 '나는 존재한다', '이것은 나다' 등의 자아 관념으로 발전하게 된다. 이처럼 나라는 생각은 실제가 아닌 관념이다. 마치 마술사가 호랑이 뼈에 마법을 불어넣어 잠시 부활시켰더니, 부활한 가짜 호랑이가 마술사를 잡아먹는 것과 같다. 실재하지 않는 허구가 오히려 실제를 지배한다는 것이다.

사람은 자신이 만든 고민에 빠져 괴로워한다. 자신이 만든 불안에 빠져 공황장애에 시달려 외부 활동을 포기한다. 자신이 만든 우울에 빠져 스스로의 목숨을 포기하기까지 한다. 마법에 의해 만들어진 가짜 호랑이에 잡아먹히는 셈이다.

인식의 과정에서 발생한 망상이 오히려 인식 과정을 지배하고 실재하지 않는 개념을 더욱 확장시킨다. 그렇게 만들어진 것이 바로 지금의 나이다. 위빠사나의 발전 과정은 이와 반대의 길을 가는 것이다.

실제와 관념의 구분

사실, 순간순간 감각기관에서 일어나는 현상을 느껴지는 그대로 순수하게 주시한다는 것은 쉬운 일이 아니다. 어느 사이에 편견이 들러붙고 관념을 형성하여 '이것은 어떤 것'이라고 정의하고 생각하고 집착하기 때문이다.

수행자는 몸과 마음 안에서 일어나는 현상을 관찰할 때 개념(관념, 지각)과 실제를 구분해야만 한다. 관념은 기억에 의존하여 일어나는 생각이므로 이 또한 주시할 대상일 뿐이다. 대상을 주시함에 있어 관념이 끼어든다면 수행자는 순수한 실상을 보기 어려워진다. 이는 마치 색안경을 쓰고 보거나 장갑을 끼고 만져 감각의 왜곡을 불러일으키는 것과 같다.

꽃을 바라본다고 하자. 이것은 무슨 색, 무슨 꽃이라고 하는 것은 과거의 기억에 의존한 판단이다. 거기에 자신의 호감을 섞어 추억이 담긴 '아름다운 붉은 꽃'이라고 생각할 수도 있고, 알레르기가 있는 싫어하는 꽃이라 생각할 수도 있다. 혹시 여기에서 생화는 사실이고, 그림 속의 꽃은 사실이 아니라고 말할지도 모른다. 하지만 일어나는 생각은 동일한 부류의 것이다. 생화를 보더라도 기억에 의존해 꽃의 이름과 색깔을 분류하고, 좋고 싫음을 판단했다면 벌써 사실에서 관념으로 굴절된 것이다. 꽃에 대한 개념이 없는 유아(乳兒)는 무슨 꽃인지, 무슨 색인지, 아름다운 것인지, 좋은 것인지 모른다.

관념이 배제된 상태에서 꽃으로부터 반사된 빛이 눈에 닿으면 눈에서 일어나는 느낌은 꽃이라 할 수도 없고, 무슨 색 또는 아름다운 것이라고 할 수도 없다. 그저 눈에서 형태나 색을 본 것만이 있는 것이다. 귀에서 소리를 들었다면 '들림', 코에서 '냄새', 혀에서 '맛', 몸에서 '촉감', 의식에서 일어나는 '생각' 역시 마찬가지다.

관념은 과거에 경험한 기억들로 형성된다. 그러므로 그 속에는 좋음, 싫음이라는 편견이 섞여 있게 마련이어서 언제나 정확한 것은 아니다. 이런 편견이 들어가면 대상을 있는 그대로 보지 못한다. 물론 일어나는 생각 그 자체는 현재하는 실제이지만 생각의 내용으로 들어가면 이미 실제가 아니다. 오직 현재 이 순간에 몸과 마음 안에서 일어나는 현상만이 가장 가까운 실제라고 볼 수 있다. 따라서 현재의 실상을 정확하게 보려면 주시하는 과정에 미세하게 끼어드는 편견을 버리고 그저 있는 그대로 바라봐야 하는 것이다.

우리는 일반적으로 기억을 잘하는 사람을 우등생 취급해 왔다. 하지만 위빠사나 수행에서는 기억을 잘하는 것을 뛰어난 능력으로 보지 않는다. 수행자는 어떤 현상이 나타나든지 새롭게 만나야 한다. 이것이 대상을 있는 그대로 보는 위빠사나 수행이다. 이것이 수행자가 수행 중에 가져야 할 태도이다.

관념은 과거에 경험된 기억에 의존하면서 탐욕, 성냄, 어리석음

———

관념은 과거에 경험된 기억에 의존하면서 탐욕, 성냄, 어리석음으로
이루어진 자아 개념의 형성을 돕는다. 그러나 주시와 집중은 관념의
허상을 벗고 실상을 보게 함으로써 자아 개념의 소멸을 돕는다.

으로 이루어진 자아 개념의 형성을 돕는다. 그러나 주시와 집중은 관념의 허상을 벗고 실상을 보게 함으로써 자아 개념의 소멸을 돕는다. 이처럼 위빠사나 수행이 발전을 이루면 고정불변의 나라는 생각으로부터 벗어나게 된다.

주시와 집중은 무아를 보기 위한 최적의 도구

현재 경험하는 현상에서 자아관념이 얼마나 빠져나가느냐의 문제는 주시와 집중의 힘에 달려 있다. 왜냐하면 있는 자아를 빼내는 것이 아니라, 자아가 없다는 사실을 봐야 하기 때문이다. 숙련된 주시와 집중이 없이는 그 틈을 보고 알기가 어렵다. 따라서 고정된 실체가 없다(無我)는 사실을 알려면 현상에 대한 온전한 주시가 필요하다. 주시와 집중은 무아를 보기 위한 최적의 도구이다.

위빠사나 수행을 진행하는 데 주시와 집중은 필수 요소이다. 간혹 주시는 위빠사나 수행으로 이끌고, 집중은 사마타 수행으로 이끈다는 설명이 보이기도 한다. 하지만 주시와 집중은 사마타와 위빠사나 모두에 필요하다. 깨달음을 얻기 이전의 붓다는 선정(禪定, jhāna)에 만족하지 못했지만, 깨달음을 얻은 이후의 붓다는 선정을 활용하였다. 수행자가 깊은 집중으로 선정을 이룰 때 수행자는 모든 잡념, 고통을 떠나 고요와 평온을 유지한다. 하지만 이 편안함은 선정 안의 편안함이지 선정 밖의 편안함이 아니다.

만약 수행자가 선정으로 이룰 수 있는 최상의 경지를 성취했다고 할지라도 그 상태에 영속적으로 머무를 수 있는 것은 아니며, 그것이 진정한 행복도 아니다. 주시 없는 집중은 몰입에 가까우며, 몰입에 빠지면 몸과 마음에서 일어나는 현상을 분명하게 알아차리지 못한다. 이는 수행자로서 경계해야 할 일이다. 왜냐하면 진리는 생각이나 관념 속에 있는 것이 아니라 지금 현재 일어나고 있는 현상 속에 있기 때문이다. 따라서 집중은 주시와 함께해야 한다.

고도로 발전된 집중은 주시를 돕고 주시는 집중을 돕는다. 초기 경전은 고도로 발전된 집중 상태인 선정 안에서 주시가 활발히 활동하고 있음을 보여 준다. 붓다는 선정 안의 행복함에 안주하는 것을 진정한 행복으로 보지 않았다. 하지만 선정으로 이끌어 주는 고요와 평온함 없이 현상을 있는 그대로 보기는 어렵다고 판단했다.

> 그는 마음의 번뇌들이며 또 지혜를 약화시키는 이 다섯 가지 장애들을 버리고, … 첫 번째 선정을 성취하여 머문다. … 희열(pīti)이 사라짐으로써 평온(upekhā)과 주시(sati)와 바른 알아차림(sampajāno)으로 머문다. 그리고 몸으로 즐거움을 느낀다. 이것을 일컬어 '평온과 주시가 있는 즐거움으로 머문다'라고 말한다. 이처럼 세 번째 선정을 성취하며 머문다. 즐거움과 괴로움이 끊어짐으로써 그리고 예전의 정신적인 즐거

있는 그대로

움과 정신적인 괴로움이 제거됨으로써 괴롭지도 않고 즐겁지도 않은, 맑고 청정한 평온과 주시를 지닌 네 번째 선정을 성취하며 머문다.(S. II. 211, M. I. 347, D. I. 71, M. III. 94)

이러한 과정을 통해 수행자의 주시와 집중은 함께 발전해 나아간다. 이와 같은 마음의 계발은 '마음의 청정(心淸淨)'으로 발전되고, 더 나아가 지혜의 계발과 '지혜의 청정(慧淸淨)'으로 이어진다. 참고로 선정의 성취와 위빠사나의 관계에 있어서는 초기불교와 상좌부불교 사이에 차이점이 나타난다.*

---

* 정준영, 「사마타없는 위빠사나는 가능한가?」『불교사상과문화』제2호, (중앙승가대학교 2010)

2. 위빠사나 수행의 발전 단계

수행자는 지속적인 노력에 의해 수행 역시 발전해 나아간다. 초기경전(M. I. 147)은 수행자가 깨달음으로 가는 과정을 일곱 대의 수레를 갈아타는 것에 비유한다. 붓다의 지혜로운 제자로 알려진 사리뿟따와 만따니뿟따는 서로의 지혜 정도를 확인하기 위해 수행의 발전 과정을 묻는다. 내용을 요약하면 다음과 같다. 한 성에서 다른 성으로 이동하는 데 거리가 멀어 말과 수레를 바꿔 타야 하는 상황이다. 질문은 도착한 성의 문지기가 여행자에게 이 수레를 타고 왔냐고 묻는다면, 어떻게 대답하는 것이 적합한지에 대한 것이다. 이들은 마지막 수레라고 대답한다면 적합하지 않으며 앞의 여섯 대의 수레가 있었기에 도착이 가능했다고 말하는 것이 적합하다고 답한다. 즉, 출발지에서 도착지까지 일곱 대의 수레가 모두 필요하다는 설명이다. 여기서 출발지는 수행의 시작이고 도착지는 열반을 말한다. 그리고 일곱 대의 수레는 '칠청정'을 의미한다.

칠청정은 계정혜 삼학이 세분화된 것으로 볼 수 있는데, 계학은 계청정(戒淸淨), 정학은 심청정(心淸淨) 그리고 혜학은 5가지 청정을 의미한다. 다시 말해 칠청정으로 세분화된 삼학은 수행의 시작부터 끝까지 모두 필요하다는 것이다. 지혜로운 자들이 너무나 당연한 내용을 문답하는 것이 아니냐고 반문할지 모르겠지만, 과거나 현재나 많은 수행자가 도덕성과 지혜보다 집중력에 치우치는 경향이 있음을 새삼 깨닫게 되는 대목이다.

칠청정(일곱 가지 청정)은 첫 번째 청정인 계청정(戒淸淨), 두 번째 청정인 심청정(心淸淨), 세 번째 청정인 견청정(見淸淨), 네 번째 청정인 의심제거의 청정(度疑淸淨), 다섯 번째 청정인 도와 비도의 지견청정(道非道智見淸淨), 여섯 번째 청정인 도에 대한 지견의 청정(行道智見淸淨), 그리고 일곱 번째 청정인 지견의 청정(智見淸淨)을 말한다.

『청정도론』은 이들에 대해서 보다 구체적으로 설명하고 있다. 첫 번째인 계청정은 계(戒)를 엄밀히 지키는 것을 말하고, 두 번째인 심청정은 40가지 수행 주제(四十業處)를 대상으로 하여 얻어진 집중들과 8가지 선정(八禪定)의 증득을 말한다. 세 번째인 견청정에서 일곱 번째인 지견의 청정까지의 다섯 가지 청정은 '계(戒)'와 '정(定)'의 갖춤으로 얻어진 '혜(慧)'의 단계라고 볼 수 있다. 그러므로 초기경전과 주석서(청정도론)는 '세 가지의 훈련(三學, tisikkhā)'이 조화를 이루어 전개되는 위빠사나 수행을 설명하고 있다.

지혜를 계발하는 위빠사나 수행의 17단계

『청정도론』은 '혜(慧)'의 단계에 해당하는 다섯 가지 청정을 또다시 17가지로 세분화하여 지혜를 계발하는 위빠사나 수행의 단계로 설명하고 있다. 즉, 위빠사나의 지혜는 세 번째 청정인 견청정에서부터 시작되며, 5가지 청정 안에 17가지의 지혜가 들어 있는 것이다.

이들은 세 번째 청정인 견청정의 '몸과 마음을 구별하는 지혜(名色區別知)'를 1단계 지혜, 네 번째 청정인 의심제거의 청정의 '조건을 파악하는 지혜(緣把握知)'를 2단계 지혜, 다섯 번째 청정인 도와 비도의 지견청정의 '현상의 무상, 고, 무아에 대한 분명한 지혜(思惟知)'를 3단계 지혜, '일어남과 사라짐을 따라 관찰하는 지혜(生滅隨觀知)'를 4-(1)단계 지혜라고 한다.

여섯 번째 청정인 도에 대한 지견의 청정의 '일어남과 사라짐을 따라 관찰하는 지혜(生滅隨觀知)'를 4-(2)단계 지혜, '소멸을 따라 관찰하는 지혜(壞隨觀智)'를 5단계 지혜, '두려움으로 나타나는 지혜(怖畏隨觀智)'를 6단계 지혜, '위험함을 따라 관찰하는 지혜(過患隨觀智)'를 7단계 지혜, '싫어함을 따라 관찰하는 지혜(厭離隨觀智)'를 8단계 지혜, '해탈하고자 하는 지혜(脫欲智)'를 9단계 지혜, '성찰을 따라 관찰하는 지혜(省察隨觀智)'를 10단계 지혜, '모든 현상에 대해 평온한 지혜(行捨智)'를 11단계 지혜, '진리에 수순하는 지혜

(隨順智)'를 12단계 지혜라고 한다.

마지막으로 일곱 번째 청정인 지견의 청정의 '고뜨라부(種姓, 범부에서 성인으로의 변환)의 지혜'를 13단계 지혜, '8가지 성인[四雙八輩]을 나타내는 네 가지 도과(道果)의 지혜'를 14~17단계 지혜라고 한다.

◎몸과 마음을 구별하는 지혜(1단계)

위빠사나 수행의 발전에 따라 수행자는 주시가 주시하는 대상과 거의 동시에 일어나는 것처럼 경험한다. 배의 오르내림[일어남, 사라짐]을 주시하는 경우, 배의 오르내림이라는 육체적 현상과 동시에 이를 주시하는 정신적 행위를 구별할 수 있게 된다. 이로 인해 수행자는 거의 동시에 일어나는 심신의 현상을 더욱 명확하게 알게 된다. 더 나아가 수행자는 모든 현상을 주시할 때 거기에는 오직 주시와 알아차려야 할 대상인 현상밖에 없음을 스스로 체험하여 알게 된다. 이것은 몸과 마음의 관계를 이해하게 되는 것이며, 이와 같은 식별력은 위빠사나 지혜의 시작을 의미한다.

이와 같은 식별력을 정확하게 가지는 것은 매우 중요하다. 수행자는 주시를 통하여 수행의 대상인 물질과 그것을 아는 정신 두 가지 과정만 있다는 사실을 알게 된다. 이를 위빠사나 수행의 첫 번째 단계인 '몸과 마음을 구별하는 지혜'라고 부른다. 예를 들어 막대기로 북을 두드리면 그 북에 의지하여 소리가 난다. 북과 소리는 서로 다르다. 북과 소리는 서로 섞이지 않는다. 이처럼 대상이 되는 물질을 의지하여 정신이 일어난다. 하지만 물질과 정신은 서로 다르다. 따라서 물질과 정신은 서로 섞이지 않는다. 더욱이 정신은 동력이 없으므로 자기의 동력으로 일어나지 못한다.

이 단계의 수행자는 탈동일시를 분명하게 경험한다. 마치 유체이탈처럼 자신이 자신의 밖에 나와 자신을 보는 듯한 경험을 하기도 한다. 수행자는 자신 안에 나타나는 현상을 더욱 객관적으로 보기 시작한다. 기존에 자아관념과 함께 호불호를 판단하던 현상을 마치 거리를 둔 것처럼 객관적으로 볼 수 있는 것이다. 간혹 거리를 둔다는 표현을 대상으로부터 떨어져서 본다는 의미로 이해하는 경우도 있다. 하지만 여기서 거리를 둔다는 의미는 현상에 집중하여 자아가 현상과 분리된다는 의미이다. 그리고 자아가 현상과 분리된다는 것은 대상에 주시가 밀착하여 다른 자아관념이나 판단이 들어올 틈이 없게 만든다는 의미이다.

객관화라는 거리 두기는 물리적 거리가 아닌 밀착을 통해 얻어지는 것이다. 대상에 온전히 밀착해야 몸과 마음이 구분되는 1단계의 지혜를 알 수 있다. 몸과 마음의 분리는 위빠사나 수행에 있어서 매우 중요한 첫 단추라고 볼 수 있다.

◎조건을 파악하는 지혜 (2단계)
물질과 정신의 분리 이후에 수행자는 물질적, 정신적 현상이 조

『청정도론』의 지혜를 계발하는 위빠사나 수행의 17단계

● **세 번째, 견청정**

1단계: 몸과 마음을 구별하는 지혜(名色區別知)

● **네 번째, 의심제거의 청정**

2단계: 조건을 파악하는 지혜(緣把握知)

● **다섯 번째, 도와 비도의 지견청정**

3단계: 현상의 무상, 고, 무아에 대한 분명한 지혜(思惟知)

4-(1)단계: 일어남과 사라짐을 따라 관찰하는 지혜(生滅隨觀知)

● **여섯 번째, 도에 대한 지견의 청정**

4-(2)단계: 일어남과 사라짐을 따라 관찰하는 지혜(生滅隨觀知)

5단계: 소멸을 따라 관찰하는 지혜(壞隨觀智)

6단계: 두려움으로 나타나는 지혜(怖畏隨觀智)

7단계: 위험함을 따라 관찰하는 지혜(過患隨觀智)

8단계: 싫어함을 따라 관찰하는 지혜(厭離隨觀智)

9단계: 해탈하고자 하는 지혜(脫欲智)

10단계: 성찰을 따라 관찰하는 지혜(省察隨觀智)

11단계: 모든 현상에 대해 평온한 지혜(行捨智)

12단계: 진리에 수순하는 지혜(隨順智)

● **일곱 번째, 지견의 청정**

13단계: 고뜨라부[種姓, 범부에서 성인으로의 변환]의 지혜

14~17단계: 8가지 성인[四雙八輩]을 나타내는 네 가지 도과(道果)의 지혜

건[원인]과 결과로 나타난다는 지혜를 가지게 된다. 수행자는 몸과 마음의 구분을 통해 몸과 마음이 서로 유기적으로 연결되어 있으나 이들은 서로 다르다는 것을 알았다. 이제는 그 이유를 이해하는 단계이다. 즉, 몸과 마음이 구분되어 나타나는 조건을 파악하여 의심을 제거하는 것이다. 이때 연기에 대한 이해가 필요하다. 정신과 물질에 대한 조건(paccaya)을 파악함으로써 삼세에 대한 의심을 극복하여 확립된 지혜를 말한다. 따라서 이 지혜는 네 번째 청정인 '의심제거의 청정' 요소이다.

대상이라는 조건이 일어나자 대상에 다가가는 주시라는 결과가 바로 나타났다. 현상이라는 대상과 그것을 주시하는 마음은 조건에 의해 나타난 것이지, 대상과 주시가 각각의 개체로서 존재하는 것이 아니라는 것을 알게 된다. 예를 들어 통증이 발생하자 통증을 바라보는 주시가 나타난다. 구부리고자 하는 욕망[조건: 정신적 현상]이 원인이 되어 구부리는[결과: 물리적 현상] 행위가 일어난다. 발생은 소멸의 조건이고, 소멸은 발생의 조건이다. 발생은 조건이면서 결과이고, 소멸 또한 조건이면서 결과이다. 더 나아가 하나의 발생과 소멸이라는 현상은 보다 큰 발생과 소멸이라는 현상의 일부이며, 보다 작은 발생과 소멸이라는 현상의 연속으로 이루어져 있다.

수행자는 이러한 조건[원인]과 결과의 순환 과정에서 영속한 실체는 있을 수 없고, 계속 변하는 과정만 있다는 사실을 여실히 볼 수 있게 된다. 그러므로 나타나는 모든 현상은 오직 조건[원인]과 결과의 연속에 있는 것이지, 자아, 영혼, 또는 고정된 나라고 부를 만한 것은 존재하지 않는다. 『청정도론』은 이 지혜를 다음과 같이 부연한다.

> 과거의 업을 조건으로 이번 생에서 다른 모음(蘊)들이 생겨난다. 단 하나의 법도 과거의 생으로부터 이번 생으로 건너온 것은 없다. 이번 생에도 업의 조건으로부터 생긴 모음들은 소멸할 것이다. 다음 생에는 다른 모음들이 생겨날 것이다. 단 하나의 법도 이번 생에서 다음 생으로 가지 않을 것이다.(Vism. 546)

또한 수행자는 주시를 통하여 행위 이전에 의도라는 조건의 마음이 선행한다는 사실을 알게 된다. 의도의 중요성은 앞에서 이미 살펴보았다. 위빠사나 지혜의 2단계인 '조건을 파악하는 지혜'는 지금 발생한 현상의 조건이 무엇이었는지 생각과 숙고를 통해 파악한다는 의미가 아니다. 지금의 원인을 파고들어 어떤 트라우마가 혹은 어떤 원인이 숨어 있는지를 찾는 과정을 의미하는 것이 아니다.

◎무상·고·무아에 대한 분명한 지혜(3단계)와 일어남과 사라짐을 따라 관찰하는 지혜(4-1단계)

3단계 지혜와 4-(1) 단계 지혜는 다섯 번째 청정인 '도와 비도의

— 227 —

위빠사나 수행의 발전 과정은 지혜의 성숙 과정이고, 지혜의 성숙
은 현재 경험하는 현상에서 자아관념이 얼마나 빠져나가느냐의 문
제에 달려 있다. 쉽게 말해 자아에서 무아로 가는 과정이 위빠사나
수행의 발전 과정이다.

지견청정'에 속한다. 다섯 번째의 청정에서는 수행자가 앞으로 수행해야 할 길과 수행하지 말아야 할 길을 구분해야 한다. 즉 감각적 욕망에 기반한 즐거움이 수행의 길이라고 생각한다면 비도(非道)를 가는 것이고, 이러한 집착을 벗어나 일어남과 사라짐을 관찰할 수 있다면 올바른 도(道)를 가는 것이다. 하지만 많은 수행자들이 여기에서 헤맨다.

수행자는 생각이나 추론이 아닌 주시를 통해 관찰하는 대상들이 고정되어 있지 않고 변화하는 실제의 모습을 보게 된다. 이를 3단계인 '무상·고·무아에 대한 사유 지혜'라고 한다. 수행자는 물질에 대해 관찰하면서 물질이 생겨나는 것도 관찰할 수 있게 된다. 동시에 현상의 개별적인 특성을 알고, 조사하고, 버리는 지혜(pariñña)를 지닌다. 특히 몸과 마음(五蘊)을 세분화하여 주시하고 그 안에서 무상, 고, 무아를 보게 된다. 물질보다 빠른 마음의 생멸을 보다 세밀하게 볼 수 있는 지혜로, 『청정도론』은 이 지혜를 통해 18가지의 '주요한 위빠사나(mahā-vipassanā)'를 진행할 수 있다고 설명한다. 이와 같이 무상·고·무아에 대한 분명한 지혜를 통해 영원하다는 생각을 버림으로써 지혜가 청정해지면, '일어남과 사라짐을 따라 관찰하는 지혜'를 얻기 위한 수행이 연결된다.

수행자가 오롯이 현재의 몸과 마음에 주시할 수 있으며, 강한 주시가 저절로 이루어져 못 볼 것이 없는 4-(1)단계인 '일어남과 사라짐을 따라 관찰하는 지혜'를 얻는다. 수행자는 현재의 현상들이 어떻게 변하는지 관찰하게 된다. 특히 일어남과 사라짐의 과정이 어떤 조건을 통해 일어나고 사라지는지, 또한 일어나고 사라지는 순간순간을 놓치지 않고 알 수 있다. 수행자는 조건과 순간의 특징으로 생멸을 보기 때문에 무상·고·무아의 특성이 분명해진다. 이렇게 경험한 수행자들을 이제 위빠사나를 시작한 자(āraddha-vipassaka)로 부르기도 한다.

하지만 바르게 수행하고 지속적으로 위빠사나를 진행한 수행자에게 10가지 번뇌(十觀隨染, dasavipassanaūpakkilesa, Vism. 633)가 나타나기도 한다. 이들은 앞서 특별한 경험에서 다루었던 10가지로, ① 광명, ②지혜, ③희열, ④경안, ⑤즐거움, ⑥결심, ⑦노력, ⑧확립, ⑨평온, ⑩욕구이다. 수행자는 이러한 특별한 경험을 통해 자신이 도(道)와 과(果)에 도달했다고 착각한다. 때로는 자신이 아라한이 되었다고 생각한다. 즉, 바른 과정에서 얻어진 결과에 붙들려 있는 상태이다. 이 단계의 수행자는 다섯 번째 청정인 '도와 비도의 지견청정'에 머문다. 강렬한 집착과 더불어 비도(非道)에서 벗어나지 못하는 것이다.

위빠사나는 이처럼 냉철하다. 바르게 수행한 결과에 대한 머무름에도 용서는 없다. 하지만 이 부분은 위빠사나 수행의 발전 과정에서 매우 중요한 전환점이 된다. 좋은 경험에 대한 집착도 버려야만 진정한 도의 길에 들어가는 것이다. 위빠사나는 나에 대한 집착

으로부터 벗어나는 수행이다. 이유가 무엇이든 나와의 타협은 없는
것이다.

◎ 일어남과 사라짐을 따라 관찰하는 지혜 (4-2단계)

앞선 4-⑴단계 지혜는 다섯 번째 '도와 비도의 지견청정'에 속하
고, 다시 시작하는 4-⑵단계 지혜는 여섯 번째 청정인 '도에 대한
지견의 청정'에 속한다. 지혜로운 수행자는 광명 등의 10가지 번뇌
가 일어날 때, 이러한 현상은 무상하고 결국 소멸한다는 입장에서
주시한다. 이러한 특별한 현상이 도가 아니라, 번뇌에서 벗어나는
지혜가 도라고 할 수 있어야 한다. 따라서 수행자가 여섯 번째 청
정인 '도에 대한 지견의 청정'에 들기 위해서는 앞의 특별한 경험에
대한 집착과 오해를 버리고 ⑷-2단계인 '일어남과 사라짐을 따라
관찰하는 지혜'를 새롭게 시작해야 한다.

그래서 위빠사나의 발전 과정에서 '일어남과 사라짐을 따라 관
찰하는 지혜'는 두 번 나온다. 열 가지 번뇌들로부터 자유로워진
수행자는 오온의 일어남과 사라짐에 대한 지혜를 좀 더 계발한
다. 그 결과로 무상·고·무아의 성질이 수행자에게 점점 더 명확
해진다. 번뇌들로부터 자유로운 이 지혜는 '길에 도달한 위빠사
나'(vīthi-paṭipanna-vipassanā)이라고 부른다.

◎소멸을 따라 관찰하는 지혜 (5단계)

수행자가 무상, 고, 무아에 대해 물질과 정신의 현상들로 구분하여 주시할 때 수행자의 지혜는 매우 날카롭고 예리해진다. 이제 일어나는 모든 현상들이 빠르게 주시된다. 빠르게 발전한 주시가 지속적으로 성장함에 따라 수행자는 일어남과 사라짐이라는 두 가지 현상들 중에서 사라짐에 더욱 집중하는 시기가 온다. 현상들의 발생은 매우 빠르나 일어나거나 머묾, 변화에 마음이 가지 않고 오직 사라짐, 무너짐, 소멸에만 주시가 확립되는 것이다.

수행자는 이제 현상들이 어떻게 부서지고 소멸하는지를 저절로 주시하게 된다. 소멸은 무상하다. 무상한 것은 불만족스러운 것이며, 불만족스러운 것은 자아가 없다. 아직 자아가 남아 있는 상태에서 소멸이라는 현상만을 적극적으로 경험하는 수행자는 기쁨을 잃게 된다. 그는 오온을 싫어하고 탐욕을 버린다.

본격적인 위빠사나는 5단계 지혜로부터 시작된다. 이때의 수행자는 일어남의 진행 과정이 잘 보이지 않고, 오직 사라지는 부분만 분명히 보이는 경험을 한다. 접시가 깨져 가루로 흩어지는 것처럼, 먼지들이 흩날려 사라지는 것처럼, 장대 같은 빗줄기들이 호수의 표면에 터져 사라지는 것처럼 모든 현상들이 소멸하는 것을 본다. 이와 같이 소멸이 거듭되면 수행자는 두려움에 휩싸이게 된다. 수행자는 주시를 하는 순간에 '이 순간은 참으로 두렵다'라고 느낀다. 아직 존재하고 싶은 욕구가 있는데 지속적으로 소멸만을 경험하니 두려움이 일어나는 것이다.

◎두려움으로 나타나는 지혜(6단계), 위험함을 따라 관찰하는 지혜(7단계), 싫어함을 따라 관찰하는 지혜(8단계)

소멸에 의해 생긴 두려움을 경험하는 것을 6단계인 '두려움으로 나타나는 지혜'라고 부른다. 수행자는 과거의 현상들이 멈추었고, 현재의 현상들도 멈추고 있으며, 앞으로도 멈출 것이라고 생각한다. 이러한 현상들은 두려움으로 다가온다. 두려움으로 인해 모든 관찰의 대상이 활기차지 않고 무미건조해진다.

두려운 것으로 보는 수행자는 현상 안에서 안전하거나 보호받을 수 있는 어떤 곳도 발견하지 못한다. 따라서 위험하다고 생각하게 된다. 이 과정을 7단계인 '위험함을 따라 관찰하는 지혜'라고 한다. 생멸하는 현상에 나를 기댈 만한 의지처는 없는 것이다. 수행자가 다가갈 피난처는 없다. 존재, 모태, 내생 등은 현재도 앞으로도 내가 머무를 곳이 아니다. 따라서 모두 위험하다.

위험한 성질들에 대한 이해는 수행자에게 삼법인에 대한 보다 커다란 이해를 돕는다. 이제 수행자는 형성된 모든 것들에 대해 싫어하게 된다. 이를 8단계인 '싫어함을 따라 관찰하는 지혜'라고 한다. 세상의 모든 현상은 조건 지어져 있으며, 불만족스럽다. 수행자는 점점 싫어함을 강하게 느낀다. 행복한 일들도 싫고 오직 소멸(중지)만이 행복이라는 생각이 든다. 이러한 수행자에게 모든 것이 싫어

질 때 벗어나고자 하는 욕구가 강하게 일어난다. 6~8단계의 지혜
는 서로 유사한 성질을 지닌다. 두려움, 위험함, 싫어함은 조건 지
어 발생한 모든 현상을 멀리하기에 나타나는 지혜이다.

혹자는 이러한 현상을 명상의 부작용이라고 생각하기도 한다. 일
반적으로 두려움, 위험함, 싫어함이 강화되는 현상은 정서적 부작
용이라고 부를 수 있다. 하지만 위빠사나 수행의 순기능과 역기능
은 긍정적 정서와 부정적 정서로 구분하는 것이 아니다. 삼법인의
통찰이라는 목적에 따라 구분되어야 한다. 나라고 할 만한 것이 없
다는 사실을 알아가는 과정에서의 이들은 순기능이다.[*]

◎ **해탈하고자 하는 지혜(9단계), 성찰을 따라 관찰하는 지혜(10단
계), 모든 현상에 대한 평온한 지혜(11단계)**

더 나아가 수행자는 조건 지어진 현상들이 싫고 이들에 대한 집
착이 없기에 벗어나기를 바란다. 마치 그물에 잡힌 고기가 풀려나
길 바라는 것처럼 빨리 벗어나기를 바라게 된다. 이를 9단계인 '해
탈하고자 하는 지혜'라고 부른다.

수행자가 해탈하고 싶을 때 삼법인에 대한 지혜는 강화된다. 이
제 현상들에 대한 집착은 없다. 이들에 대한 온전한 숙고와 성찰만
이 남는다. 수행자는 10단계인 '성찰을 따라 관찰하는 지혜'를 얻

---

[*] 정준영, 「장애의 두 가지 기능에 대한 연구」 『한국불교학』 86, (한국불교학회, 2018)

는다. 때로는 이 단계에서 수행자가 몸에서 통증과 들뜸을 경험하기도 한다. 따라서 한 자세를 오래 지속하기 어렵기도 한다. 이러한 현상은 수행자가 조건 지어진 것을 싫어하기에 나타난다.

그럼에도 불구하고 수행자는 발달된 주시를 통해 삼법인을 여실히 볼 수 있게 된다. 이러한 어려움을 거쳐 수행자는 드디어 11단계인 '모든 현상에 대한 평온의 지혜'에 도달한다. 이 단계에서 수행자는 별다른 노력 없이도 주시를 유지할 수 있으며, 기존에 나타났던 두려움, 위험함, 싫어함, 불만족, 벗어나고자 하는 마음이 사라진다. 심지어 괴로움이 있다고 할지라도 더 이상의 어떤 정신적인 동요도 일어나지 않기에 평온을 찾는다. 수행자는 이제 열반으로 향하는 출입구에 도달했다고 말한다.

◎ **진리에 수순하는 지혜** (12단계), **고뜨라부의 지혜** (13단계), **도와 과의 지혜** (14~17단계)

평온을 찾은 수행자는 평온의 지혜를 반복하고 확실한 믿음을 얻게 된다.[*] 이를 12단계인 '진리에 수순하는 지혜'를 얻었다고 말한다. 위빠사나 수행은 더욱 안정되고 평온하게 진행된다. 위빠사나 지혜의 정점에 다다랐다고 표현을 하기도 한다.

---

[*] 정준영, 「감성을 벗어나 이성으로: 초기불교의 믿음」 『믿음, 디딤돌인가 걸림돌인가』, (운주사, 2012)

이 단계를 지났을 때 수행자에게는 전환점이 생긴다. 그리고 이제 마지막 청정인 '지견의 청정'에 들어간다. 이를 13단계인 '고뜨라부의 지혜'라고 부른다. 수행자가 범부(凡夫)에서 성인(聖人)으로 전환되는 지점이 바로 이곳이다. 열반으로 처음 들어가는 지점이라고 부르기도 하며, 이 단계에서 수행자는 절대로 물러섬이 없다. 마지막 네 단계의 지혜는 네 가지 성인(四雙八輩)의 단계를 말하는 14단계에서 17단계인 '도와 과의 지혜'이다.*

마하시 사야도의 위빠사나 수행 역시 이러한 과정을 거쳐 위빠사나 수행의 결실을 맺게 된다. 하지만 수행자가 수행 과정에서 이러한 단계를 알고 있는 것은 도움이 되기보다 방해가 되기 쉽다. 왜냐하면 이러한 정보는 수행자에게 집착과 망상을 만들 수 있기 때문이다. 따라서 가능한 수행자는 이러한 과정에 대해서는 모르는 것이 유리하며, 알게 되었다고 할지라도 잊고 현저한 대상에 주시를 지속하는 것이 최선의 방법이다.

앞서 설명한 것처럼 바른 법에 대한 생각이라고 할지라도 주시의 대상을 놓친 생각은 망상이다. 내가 '이런 단계를 성취한 것은 아닐까?' 하는 생각도 망상이다. 뿐만 아니라 이러한 단계의 특성은 사람에 따라 분명히 나타나기도 하고 그렇지 않기도 하다. 그러므로

---

* 정준영, 「성인의 성취과정에 대한 연구」『불학논총』, (원각불교사상연구원, 2011)

수행자가 자신의 수행 과정을 이러한 단계에 맞춰 보려고 하는 것
은 도움이 되지 않는다. 단지 주시하고 집중하는 것, 이것이 최선의
길이다.

3

위빠사나 수행과 지혜

수행자는 수행 중에 무엇이 대상으로 나타나든지 그것을 주시해야 한다. 어떤 특별한 결과를 부르는 특별한 대상은 따로 정해져 있지 않다. 수행자가 대상을 있는 그대로 주시하는 동안 세 가지의 훈련(三學)은 자연스럽게 이루어진다.

수행자가 어떤 대상, 혹은 일어남, 사라짐, 굽힘, 뻗음, 봄, 들림, 또는 생각 등을 주시하고 있을 때 그는 자신의 행위를 면밀하게 알고 있기에 '계(戒, 도덕성)'를 지키고 있는 것이다. 그러므로 수행자의 '계'에 대한 훈련은 수행을 통해 충실히 지켜진다.

더 나아가 수행자는 통증을 이겨 내며 집중하고 노력한다. 이러한 과정에서 주시하는 마음은 항상 일어나는 대상(목표)에 직접 맞아떨어진다. 이로 인해 집중이라는 '정(定)'의 훈련 역시 지켜지게 된다. 또한 수행자는 구부리려는 욕망으로 인해 실제로 구부리고, 뻗으려는 욕망으로 인해 실제로 뻗는다. 그리고 수행자는 이러한 개별적인 행동을 있는 그대로 알아차린다. 수행자는 일어남과 사라짐의 진행이 발생했을 때 일어남과 사라짐이 있었고, 그것을 분명히 알아차렸고, 그것에 대해 있는 그대로 알았으므로 '혜(慧)' 역시 얻는다.

또한 욕망이 있기 때문에 '원함, 원함'으로 알아차렸고, 좋아하는 대상이 있었기 때문에 '좋아함, 좋아함'이라고 알아차렸다. 실망하고 있었기 때문에 '실망함, 실망함'이라 알아차렸고 마음이 다른 곳으로 갔었기 때문에 '망상, 망상'이라 알아차렸다. 이처럼 각각의 상태를 날카롭게 알아차렸고 각각의 주시는 성장한다. 수행자는 이를 통해 대상의 여실한 모습을 알아 지혜를 얻게 된다. 그러므로 수행자가 각각의 대상을 정밀하게 주시할 수 있다면 세 가지 훈련인 계, 정, 혜를 가질 수 있는 것이다. 이처럼 각각의 주시는 계(sīla), 정(samādhi), 혜(paññā) 삼학(三學)을 성장시킨다.

1. 무상, 고, 무아의 체험

중요한 것은 어떠한 대상이든 그 대상의 시작부터 끝까지 주시할 수 있도록 노력해야 한다. 수행자는 이 같은 과정에서 각각의 대상을 구분하고, 자신의 지혜가 성숙하는 것을 발견하게 될 것이다. 보통 사람은 자신이 태어나서부터 죽을 때까지 일정한 심신 현상이 계속 유지된다고 생각한다. 그러나 사실이 아니다. 영원히 지속되는 현상은 없다.

수행자는 일어남과 사라짐을 주시하는 동안 이들이 나타나 변화하고 사라지는 사실을 알게 된다. 모든 현상은 일어나고 사라진다. 무엇이든지 나타난 그 순간 이후에 존재하는 것은 없다. 몸과 마음 안에 변하지 않는 고정된 실체는 없다. 단지 무상하다는 고유한 진실만 있을 뿐이다. 수행자는 현상을 주시해 가면서 이와 같은 사실을 알게 된다. 일어나고 변화하고 사라지는 무상함에 대해 체험으로 아는 것이다. 이것이 곧 '무상의 앎'이다.

또한 수행자는 모든 대상이 좋거나 가치 있는 것이 아니라는 사

───────

모든 현상은 일어나고 사라진다. 무엇이든지 나타난 그 순간 이후
에 존재하는 것은 없다. 몸과 마음 안에 변하지 않는 고정된 실체는
없다. 단지 무상하다는 고유한 진실만이 있을 뿐이다.

실을 알게 된다. 무상은 채워질 수 없는 불만족이기 때문에 지속된 만족을 요구하는 자아는 항상 갈망하는 불만족(dukkha)에 놓이게 된다. 수행자는 자신의 몸과 마음에서 일어나는 모든 종류의 어려움을 예리한 주시로 보게 되며, 이것은 괴로움의 집합체와 같다는 사실을 알게 된다. 곧 '모든 무상한 것은 불만족스럽다'라는 사실을 체험하게 되는 것이다. 이것이 곧 '괴로움의 앎'이다.

수행자는 이런 모든 심신 현상이 어느 누구의 통제, 지시, 의지에 관계없이 그들 스스로의 원인 결과에 따라 일어나고 사라진다는 것을 알게 된다. 거기에는 오직 대상과 주시 그 자체만이 있을 뿐이다. 그 배후에 존재하는 것은 아무것도 없다. 이들은 모두 임의로 조절할 수 없는 현상이라는 것을 확실한 체험으로 알게 된다. 이것이 곧 '무아의 앎'이다.

불교 안에서 인간은 유형의 것으로, 살아 있으며 노력하는 존재이다. 이와 같은 인간은 변화하고 발전하며 성장해 나아간다. 즉, 인간은 현실 안에서 창조적인 의지와 지속적인 노력에 의해 완전해지는 존재이지 확인할 수 없는 고정 불변의 초월적인 존재가 아니라는 것이다. 붓다는 무아를 통하여 자기 자신을 부정하는 것이 아니라 영원불변하는 고정된 실체로서의 자아를 부정하는 것이다. 그러므로 모든 현상은 곧 무상, 고, 무아임을 알게 된다. 이것은 사고로 이해되는 것이 아니라 체험하는 것이다. 수행을 계속해 나가면

있는 그대로

언젠가 수행자는 이 세 가지의 지혜를 완전히 성취하게 되며 그 지혜의 힘으로 탐욕, 성냄, 어리석음(三毒)을 여의고 열반에 도달하게 될 것이다.

2. 진정한 행복으로 이르는 길

위빠사나는 생각이나 개념이 아니라 대상과 주시가 일치된 순간부터 나타나고 계발되는 지혜이다. 현재 이 순간의 몸과 마음에서 일어나는 현상을 주시하고 움직임이나 느낌의 변화에 마음을 모아 집중한다. 이 과정에서 수행자는 고요와 평온을 얻게 되고, 그 고요와 평온 속에서 현상의 변화를 더 깊게 볼 수 있게 된다. 이때 주시와 집중은 서로 상승작용을 하여 현상의 뿌리 속에서 드러나는 인과를 여실하게 보게 한다.

또한 주시와 알아차림도 일어나고 사라지는 현상의 하나임을 보게 된다.(S. IV. 72) 수행자는 지속적인 노력으로 모든 현상의 소멸을 보게 되고, 현상을 바라보던 주시와 알아차림마저 사라지는 '완전한 소멸(정지, nirodha)'을 체험하게 된다.[*] 이것은 몸과 마음으로 체험되는 최상의 것이다. 즉 계의 바탕 위에서 깊은 마음의 집중과

---

[*] 정준영, 「상수멸정의 성취에 관한 일고찰」『불교학연구』제9호, (불교학연구회, 2004): 정준영, 「붓다의 깨달음, 해탈, 그리고 열반」『깨달음, 궁극인가 과정인가』, (운주사, 2014)

주시의 힘으로 현상의 실상을 보아 지혜가 생기는 것이다.

이러한 경험은 집착을 여의고 탐, 진, 치의 덩어리를 허물게 한다. 수행자는 오직 몸과 마음의 상태를 주시하여 체험으로 진리를 터득하고 자아라는 것은 무명[탐욕, 성냄, 어리석음]으로 뭉쳐진 관념의 덩어리일 뿐, 고정된 실체가 없다는 사실을 알게 된다.

자아의 소멸은 허무와 다르다. 허무는 욕망의 포기이며 포기는 또 다른 욕망의 원인이 된다. 그러나 소멸은 또 다른 원인이 될 수 없는 진정한 평화이다. 정신적으로나 육체적으로 좀 더 향상된 삶을 원하는 사람은 지금 이 순간 열반(Nibbāna)에 이르는 이 고귀한 길을 따라가라. 이것이 진정한 행복이다. 항상 몸과 마음에서 일어나고 사라지는 현상을 밀착하여 주시하고 열반이라는 확신을 가지고 수행해 나간다면, 머지않아 족쇄와 윤회로부터 벗어날 것이다.

순수위빠사나 수행법 가운데 전 세계적으로 가장 널리 알려진 마하시 위빠사나 이외에도 단순한 명쾌한 순룬 위빠사나와 최근 들어 수행자들이 늘고 있는 쉐우민 위빠사나 수행법을 빼놓을 수는 없다. 순룬과 쉐우민의 위빠사나는 마하시 수행법처럼 『청정도론』에 기준하거나 상좌부의 전통적 방식에 얽매이지 않으며, 각 사야도의 실천과 해석이 묻어 있는 수행법이라고 볼 수 있다.

순룬과 쉐우민의
위빠사나 수행법

미얀마에는 마하시 위빠사나뿐만 아니라 다양한 방법의 위빠사나가 있습니다. 목표는 같지만 수행 방법에는 차이가 있습니다. 나는 위빠사나라는 이름이 붙은 모든 수행을 경험하고 싶었습니다. 특히 순룬의 위빠사나는 꼭 경험하고 싶었습니다.

미얀마의 마하시 수행센터에는 수많은 외국인 수행자들이 더위와 싸우며 정진하고 있었습니다. 한 달이 지날 무렵, 여러 수행자들 사이에서 공통점이 나타났습니다. 누구든지 수행 일정에 맞춰 일주일에서 열흘 정도를 버티는 수행자는 안정된 모습으로 정진해 나아갔고, 그 시간을 버티지 못하는 수행자들은 야반도주를 하듯 홀연히 사라지는 것이었습니다. 인사도 없이 사라지는 몇몇 사람들을 보며 다음과 같은 생각이 들었습니다.

'수행을 하겠다고 먼 미얀마까지 찾아온 사람들이 며칠을 버티지 못하고 도망가다니, 인내심이 부족하군...'

마하시 위빠사나 수행에 적응하지 못하는 그들을 인내심이 부족한 탓이라 여기고 제 수행에 전념했습니다. 마하시 수행법을 어느 정도 익힌 후, 수행처에서 나와 미얀마 여행을 시작했습니다. 한 달여간의 여행은 불교 성지와 더불어 다른 방법의 수행 센터도 방문하는 의미 있는 시간이었습니다.

그러던 어느 날, 거친 호흡으로 수행을 시작하는 순룬 위빠사나 수행센터를 방문했습니다. 그룹 좌선을 하는 곳에 들어가자 눈에 익은 사람이 보였습니다. 깜짝 놀랐습니다. 인내심이 부족하여 야반도주를 했다고 생각했던 수행자가 그곳에 있었습니다. 시설 면에서도 훨씬 열악한 그곳에서 열심히 정진을 하고 있었습니다.

그때 알았습니다. 부처님의 수행법은 하나의 목적[涅槃]으로 가는 길이지, 하나의 방법으로 가는 길이 아니라는 것을 말입니다.

'그는 순룬 위빠사나의 어떤 점에 반했을까?'

순룬 위빠사나 센터는 출가자와 재가자가 함께 앉아 수행을 합니다. 특히 힘들게 정진하는 수행자를 위해 선임자가 주변을 돌며 경책합니다.

"바람이 닿는 부분에 마음을 두시오."

"움직이지 마시오."

"똑바로 하시오"

나이 많은 재가 수행자인데 스님들께서 이 수행자의 지침을 허락하는 것이 낯설기만 했습니다. 자세가 흐트러졌다거나 기운이 빠졌거나 적극적으로 임하지 않는 사람들 주변에서 막대를 치면서 힘을 불어넣습니다. 저 역시 예외일 수는 없었습니다. 조금만 몸을 움직여도 "그것도 못 참아?" 하면서 혼났던 기억이 있습니다.

순룬 수행처는 다른 위빠사나 수행처와 달리 수행하는 동안에 누군가 나를 바라보는 감시자가 있는 것입니다. 별것 아닌 것 같지만 의식하게 되고 정진하는 데 힘이 됩니다.

있는 그대로

순룬의 호흡 수행은 마치 50분간 달리기를 하는 것 같습니다. 빠른 들숨과 날숨은 양쪽 폐와 횡격막을 분주하게 만듭니다. 머지않아 온몸은 땀으로 젖고, 선임 수행자는 마치 유격장의 조교처럼 몽둥이를 들고 바짝 붙어 나를 지켜봅니다.

순룬 위빠사나 수행 센터는 독특한 수행법 말고도 또 다른 가르침을 주었던 의미 있는 곳입니다.

서울에서 출발한 비행기는 늦은 밤 양곤 공항에 도착했습니다. 오랜만에 미얀마 특유의 향기가 나를 반겼습니다. 짐을 찾아 입국장에 들어서자 두 명의 중년 남성이 론지(긴 치마)를 입고 영문으로 적힌 내 이름을 들고 서 있었습니다. 나를 픽업하기 위해 나온 순룬 위빠사나 수행처의 봉사자들입니다. 늦은 시간까지 기다리고 있던 그들이 고맙고 미안했습니다.

수행처에 도착하자 늦은 시간을 알려 주듯, 입구는 굳게 닫혀 있었습니다. 무거운 짐을 싣고, 내리고, 옮기고, 더운 날씨에 땀을 흘리는 모습에 다시 한 번 미안한 마음이 일어났습니다. 조금이라도 성의를 표현하고 싶었습니다. 달러를 봉투에 담아 "늦은 밤에도 불구하고 도와줘서 고맙다"는 말과 함께 전했습니다. 하지만 그들은 난색을 표하며 거부했습니다.

"왜 제가 공덕을 지으려는데 방해하시나요?"

"제게 갚는 방법은 열심히 정진하시는 것입니다."

저는 할 말을 잃었습니다. 그렇게 그들은 홀연히 떠났습니다.

1

순룬 위빠사나의 이해

사람에 따라 얼굴과 음성, 성향이 다르듯이 같은 위빠사나 수행이라고 할지라도 현재 머물러 지혜를 키우는 방법에 있어 각자 선호하는 방식이 다르다. 일반적으로는 자신에게 인연이 닿은 첫 번째 수행법을 선호하지만, 결국 자신이 쉽게 시작할 수 있는 방법을 선택하는 것이 현명할 것이다.

미얀마에는 앞서 설명한 마하시 위빠사나 수행법뿐만 아니라 순룬과 쉐우민의 위빠사나 수행법 역시 많은 수행자들이 실천하고 있는 순수위빠사나 수행법이다. 삼독심을 제거하기 위한 동일한 목표를 가지고 있지만, 은근히 서로 간에 경계심을 갖고 있는 것도 사실이다.

있는 그대로

순룬의 위빠사나 수행은 세 가지 수행법들 중에 가장 오래 되었음에도 불구하고 국내에는 널리 알려지지 않았다. 또한 현재 미얀마 내에서도 분원에 따라 그 방법을 조금씩 달리하고 있다. 따라서 본서에는 필자가 경험한 전통적 방식을 소개하고자 한다.

순룬 위빠사나는 말 그대로 순룬 사야도 방식의 위빠사나 수행법으로, 상좌부 전통의 교학을 따르기보다는 현실적으로 빠르고 경험적인 실천법을 추구한다. 코끝을 통한 집중을 시작으로 온몸을 관찰하도록 하며, 무엇보다도 장애를 극복하기 위해서 인내를 가장 빠른 해결책으로 제시한다.

순룬의 수행법은 호흡, 감각, 그리고 감각을 넘어선 3단계로 구성되어 있다. 순룬 위빠사나를 고집하는 사람들은 순룬의 수행법이 어느 위빠사나보다 쉽다고 설명한다. 마치 손끝으로 동그라미를 그리듯 단순하고 명료하다는 것이다. 물론 순룬 위빠사나 수행법이 방법론에 있어 마하시나 쉐우민의 위빠사나보다 쉽고 분명한 것은 사실이다. 어린아이부터 노인에 이르기까지 몇 분의 설명만으로 이 수행에 참여할 수 있다. 하지만 얼마나 정확한 동그라미를 그릴 수 있느냐 하는 것은 온전히 수행자의 몫이다.

순룬 위빠사나 수행은 이완이나 스트레스 해소와는 거리가 멀다. 혹독한 자신과의 싸움이라고 볼 수 있다. 수행의 목적도 장애(障碍)와 속박(束縛)을 벗어나 열반으로 다가가는 것이다. 순룬 수행 센터에는 단순하고 명료하다는 순룬만의 독특한 수행법으로 수행에 매진하는 현지인들로 넘쳐난다. 동자승에서부터 90세가 넘어 보이는 할머니들까지도 정확한 동그라미를 그리기 위해 기꺼이 고통을 감내하고, 자신과 타협하지 않으며 성인(聖人)이 되기 위해 마룻바닥이 진동하는 수행을 하는 것이다.

순룬 위빠사나의 최초 수행센터는 순룬 사야도가 입적하기 1년 전인 1951년 민잔에 세워진 순룬구 불교수행센터(Sunlungu Buddhist Meditation Centre)이다. 이곳을 중심으로 미얀마 내에 순룬 위빠사나 수행센터가 확장되어 갔다. 미얀마의 수도인 양곤에도 여러 곳의 지부가 있다. 그중에 까바예 순룬 수행센터(Kaba Aye Sun Lun Meditation Centre)에는 영어를 잘하시는 우 와라(U Wara) 사야도께서 지도하고 있어 외국인 수행자에게 많은 도움을 주고 있다.

있는 그대로

위 오른쪽: 순룬 사야도의 완고한 모습. 수행 홀 앞쪽에 모셔져 있다.
아래 오른쪽: 순룬 위빠사나 수행센터의 입구와 정문.
왼쪽: 수행홀 외부 모습과 수행홀 내부 모습. 수행홀 마룻바닥에 400여 명이 함께 앉아 정진할 수 있다.

까바예 순룬 위빠사나 수행센터(Kaba Aye Sun Lun Monastery)

add: 7th Mile, Thanlarwaddy Road, U Lun Maung Street, 7–Ward, Mayangone Township, Yangon, Myanmar
tel: +95-1-660860
e-mail: slsuwara@sunlun-meditation.net
www.sunlun-meditation.net

1. 독특한 이력의 순룬 사야도

　순룬 사야도는 1878년 민잔 지역에서 태어났으며, 그의 이름은 마웅짜우딘(Maung Kyaw Din)이었다. 어렸을 때부터 불교사원의 학교를 다니기는 했지만 경전 한 구절도 암송하지 못할 정도로 불교에는 관심이 없었다. 젊은 시절 도시에서 근무하던 그는 서른이 되어 가정을 이루고 고향에 돌아와 농사를 짓기 시작했다. 열심히 일한 덕분에 농사는 언제나 풍작을 거두었다. 그러던 중 이상한 일이 벌어졌다. 1919년 민잔 지역에 전염병이 창궐해 다른 농지들이 모두 농사를 망쳤음에도 불구하고 그의 농지만은 풍작을 거두었다. 이런 희귀한 현상은 그를 두렵게 만들었다. 미얀마의 농촌에는 누군가의 재산이 빠르게 늘면 집안의 사람이 죽는다는 믿음이 있었기 때문이다.

　그는 걱정 끝에 점성가를 찾아 물었고, 점성가는 그의 집에서 두 발 달린 동물이 곧 죽을 것이라고 예언했다. 그는 자신이 곧 죽는다는 생각에 너무나 두려웠다. 죽음이 다가온다는 두려움에 떨던 그는 고민 끝에 마을 사람들을 위해 크게 보시를 해야겠다고 마음먹는다. 마웅짜우딘은 집 앞에 커다란 천막을 치고 3일 동안 그 지역의 모든 사람들을 위해 정성스레 식사를 대접했다.

그런데 3일째 되던 날, 뜻하지 않은 손님이 찾아왔다. 우 바산(U Ba San)이라는 방앗간 직원이 우연치 않게 집을 방문하였고, 위빠사나(Vipassanā) 수행에 대해 이야기를 꺼냈다. 위빠사나라는 말을 처음 들은 그는 매우 흥미를 느꼈으며, 그날 밤 잠도 청하지 못했다고 한다. 바로 다음 날 이른 아침, 우 바산을 찾아가 자신처럼 불교경전을 모르는 사람도 위빠사나 수행을 할 수 있는지 물었다. 우 바산은 그에게 위빠사나 수행을 위해 교리적 지식은 없어도 무관하며, 단지 관심과 노력만 있으면 충분하다고 대답했다. 이에 마웅짜우딘은 바로 그날부터 호흡을 통한 수행을 시작하게 된다.

호흡의 주시로 시작된 수행은 호흡뿐만 아니라 모든 삶으로 확장되어 갔다. 옥수수 속을 골라내는 칼자루를 잡은 손에서 물을 끌어당기는 손, 밧줄을 당기는 손, 농지를 걸을 때 바닥에 닿는 발, 그가 무엇을 하든 나타나는 감각을 놓치지 않고 주시하려고 노력했다. 그리고 농사를 짓다가 잠시라도 여유가 생기면 나무 아래 앉아 수행을 시작했다. 어떠한 현상이라고 부르는지 모르지만, 수행을 통한 결과를 경험하기 시작했다. 그리고 즐거운 결과든 괴로운 결과든 이들을 극복하면 더 훌륭한 결과가 나온다고 믿으며 열심히 정진했다.

이와 같은 노력으로 1920년 7월, 위빠사나 수행을 시작한 지 일년 만에 예류과(豫流果, 須陀洹)를 성취하게 된다. 계속 정진하여 다음 달에 일래과(一來果, 斯陀含)를, 그리고 그 다음 달에는 불한과(不還果, 阿那含)를 성취한다. 그는 불한과를 성취한 이후, 부인(Ma Shwe Yi)의 동의를 얻어 출가한다. 승가에 들어가 비구가 된 후, 동굴에서 더욱 정진하여 1920년 10월 아라한과(阿羅漢果, 無學)를 성취한다. 예류과를 성취한 지 불과 3개월 만에 이뤄낸 결과였다.

그가 아라한과를 성취했다는 소식은 미얀마 전역에 널리 퍼지기 시작했고, 많은 비구들이 그를 시험하기 위해 민잔을 방문했다. 비구들은 그의 과위(果位)를 확인하기 위해 다양한 질문을 했고, 그의 답변은 경전과 일치하지는 않았지만 경전을 통해 설명이 가능한 것들이었다. 특히 큰스님으로 알려져 있던 우 로까나타(U Lokānatha) 장로는 그를 만난 후에 다음과 같이 전했다고 한다.

"나는 버마(미얀마)의 중부에 위치한 민잔 지역을 방문하여 순룬 사야도를 뵙고 인사드렸다. 나의 많은 질문에 그는 대답과 더불어 가르침을 주었다. 그의 성품과 행동은 나로 하여금 그가 아라한이라는 사실에 의심의 여지를 남기지 않았다."

많은 비구와 제자들은 교학을 모르는 그를, 삼독(三毒)을 제거한 아라한으로 존경했다.

순룬 사야도는 그의 독특한 수행법과 특별한 시신을 남기고 1952년 반열반에 들었다. 그는 열반에 들기 전에, "나의 시신을 처리하

기 위해 한 가지의 나무도, 한 줌의 흙도 사용하지 말라"는 유언을
남겼다. 이에 시신은 있는 그대로 보존되었다. 민잔이 여름에 매우
덥고 겨울에 추워 부식이 잘 되는 지역임에도 불구하고 그의 시신
은 오늘날까지도 부패하지 않았다. 단지 수분이 빠져 건조한 모습
으로 남아 있을 뿐이다. 더욱이 사야도의 시신은 좋은 향기를 내는
것으로도 유명하다.

2. 미얀마인들과 수행

　필자가 까바예 순룬 위빠사나 수행 센터에 갔을 때는 마침 띤잔 (Thingyan) 기간이었다. 수행 홀은 빈자리를 찾아볼 수 없을 정도였 다. 450여 명이 수행 홀을 가득 채우고 수행하는 모습은 부럽기까지 했다. 그런데 수행자의 대부분은 미얀마 현지인들이었다. 수행이 어렵고 힘들다는 이유로 외국인 수행자는 거의 찾아볼 수 없었다.

　왜 미얀마 사람들은 띤잔 기간이 되면 수행처를 찾아 수행을 하 는 것일까? 미얀마 사람들에게 띤잔과 수행은 어떤 의미일까? 띤 잔은 우리나라로 치면 음력설과 같은데, 시기는 4월 중순경에 해당 한다. 우리나라가 달이 차고 기우는 달 모양의 변화를 기준으로 음 력 1월 1일을 설날로 정하는데 반해, 미얀마는 태양과 별자리의 위 치에 따라 한 해의 시작자리를 정한다. 즉, 태양이 백양궁이라는 첫 번째 별자리(양자리)를 지나게 되는 4월 15일부터 5월 15일까지의 시점을 한 해의 시작으로 본다. 이때가 되면 미얀마 사람들은 더러 움과 악행을 씻어 버리고 청정한 새해를 맞이하기 위해 '띤잔 물축 제'를 벌인다.

있는 그대로

띤잔은 불교뿐만 아니라 토속신앙이 한데 뒤섞인 미얀마 인들의 축제이기도 하다. 미얀마의 불교 안에는 상좌부불교 전통뿐만 아니라 미얀마의 토속신앙인 '낫' 신앙이 포함되어 있으며, 이러한 토속 신앙은 힌두신화와도 연계되어 있다. 그들은 띤잔 기간에는 띤자민 (Thagyamin), 혹은 떠자민이라는 비를 주는 '비의 신'이 내려와 축복을 내려주며, 사람들의 선행과 악행을 구분하는 명부를 가지고 온다고 믿고 있다. 4월 13일부터 3~4일간 진행되는 물축제도 이 띤자민이 내려와 있는 기간에 행해지는 것이다.

띤잔 기간에 수행센터가 붐비는 것도 이와 무관하지 않다. 이 시기를 전후해서 사원에서 수행을 하고 공덕을 쌓아야 신으로부터 좋은 점수를 받는다는 토속신앙과도 맞닿아 있는 것이다. 그 때문에 한해 중에 가장 더운 4월임에도 불구하고 10일 정도의 연휴 기간에는 크고 작은 수행처가 수행을 하러 오는 사람들도 북적인다. 백 명이던 수행자가 수천 명으로 늘어나기도 한다.

2

순룬 위빠사나 수행법

순룬 위빠사나는 마하시 위빠사나와 마찬가지로 선정의 성취로 이끄는 사마타 수행(止) 없이 순수하게 위빠사나(觀)만으로 열반을 성취하는 방법을 택하고 있다. 즉, 위빠사나만 수행하는 순수위빠사나(純觀, suddha-vipassanā)이다. 집중을 통한 몰입보다는 현상의 생멸에 대한 관찰을 더욱 중요하게 여긴다. 따라서 주시가 수행의 중요한 도구로 활용된다.

하지만 오늘날 잘 알려진 순수위빠사나의 마하시 수행법이나 쉐우민 수행법과는 다른 수행법을 고집한다. 주시를 중요하게 생각하는 대부분의 순수위빠사나 수행처들의 경우, 수행 중 통증이 생기면 주시와 함께 자세를 바꾸는 것을 허락한다. 하지만 순룬의 경우는 다르다. 처음에 취한 자세를 바꾸지 말라고 강조한다. 수행처 안에서 푹신한 방석은 찾아보기 어렵다. 방석의 용도라면 대자리 하나 정도가 전부이다. 물론 의자에 앉거나 벽에 기대는 것도 불가능하다. 순룬 위빠사나의 좌선은 이완이 아니라 혹독한 자신과의 싸움을 버티는 것 같다.

수행의 자리와 시간도 중요하게 생각한다. 수행자는 가능한 조용하고 바람이 불지 않는 곳을 선택해서 수행한다. 단, 적절한 자리를 준비하기 위해 공을 들이거나 종교적 의식 공간으로 만들지 말 것을 권유한다. 수행 자리 역시 한 곳을 고집하지 말라고 한다. 수행처에서 간혹 수행자들이 자신이 앉을 자리에 집착하는 경향이 있는데, 자리도 벗어나야 할 집착 중의 하나이기 때문이다.

수행 시간도 매우 엄격하다. 정해진 시간에 정해진 시간만큼 꼼짝 않고 앉아 있어야 한다. 오늘날 유행하는 명상은 초보자에게 하루에 몇 분씩이라도 반복적으로 앉아 명상을 시작하고 점차 시간을 늘려갈 것을 권유한다. 하지만 순룬에서는 통하지 않는 얘기이다. 한 번 좌선에 들면 무조건 100분 동안 일어날 수 없다.

대부분의 순룬 수행센터에서는 처음 수행을 접하는 수행자에게 10일간의 수행을 권한다. 까바예 순룬 수행센터의 선원장인 우 와라 사야도 역시 처음 방문하는 수행자에게 10일간 머물며 수행하도록 권한다. 처음 3일은 적응하는 데 필요한 시간이고, 나머지 7일은 순룬의 수행법을 경험하는 데 적정한 시간이라고 설명한다.

1. 앉아서 하는 수행

순룬 위빠사나의 수행은 공식적으로 좌선만으로 진행된다. 까바예 순룬 수행센터의 좌선은 하루 3회 진행된다. 한 회기는 호흡 관찰 50분과 감각 관찰 50분, 총 100분으로 구성되어 있다. 처음 50분은 호흡을 놓치지 않고 강하게 주시하는 것이 핵심이고, 후반 50분은 움직이지 않고 몸에서 나타나는 현저한 느낌을 주시하는 것이 핵심이다. 이렇게 아침 7시, 점심 12시 30분, 저녁 6시 15분 3회에 걸쳐 좌선이 진행된다. 이 시간에는 사원 내의 모든 수행자들이 반드시 수행에 참여해야 한다. 하루 100분씩 3회의 좌선이 수행의 전부이다. 이외의 행선이나 개인 수행은 자유롭게 진행할 수 있다.

좌선의 기본자세

바른 자세: 좌선을 위해 수행자는 다리를 접고 앉는다. 이때 다리는 가부좌든 반가부좌든 평좌든 상관하지 말고 편한 방법을 택한

있는 그대로

다. 허리는 곧게 세우고, 턱은 밑으로 조금 당겨지는 느낌으로 약간 숙인다. 너무 많이 숙이면 오히려 긴장을 유발할 수 있다. 좌선 시간 동안 몸을 움직여도 안 되고 자세를 바꾸어도 안 된다.

손 모양과 팔의 위치: 순룬 위빠사나의 가장 특이한 점은 손의 모양과 팔의 위치이다. 양손을 다리 위로 편안하게 내려놓는 것이 아니라, 한쪽 손을 자연스럽게 주먹 쥐고, 다른 손으로 주먹 쥔 손을 감싸 쥔다〔그림 ⑯〕. 손을 움켜쥐는 이유는 후에 나타날 괴로운 느낌과의 다툼에서 꽉 잡고 버티기 위해서이다. 양 팔꿈치는 옆구리에 붙인다. 이렇게 앉으면 마치 허리라는 기둥을 양팔이 지지대역할을 하는 것처럼 앉게 된다. 자세는 피라미드처럼 삼각의 형태

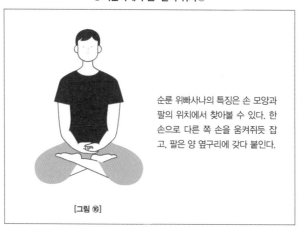

◎기본자세와 손·팔의 위치◎

순룬 위빠사나의 특징은 손 모양과 팔의 위치에서 찾아볼 수 있다. 한 손으로 다른 쪽 손을 움켜쥐듯 잡고, 팔은 양 옆구리에 갖다 붙인다.

[그림 ⑯]

로 안정된다.

전반부와 후반부로 구성된 좌선

다른 위빠사나 수행법과 달리 순룬 위빠사나의 좌선은 두 부분으로 구성되어 있다. 처음 50분은 코끝 혹은 윗입술에 닿는 호흡의 감각을 관찰하고, 나머지 50분은 몸에서 일어나는 감각을 관찰한다. 처음 50분간 좁은 영역에 모았던 주시의 힘을 나머지 50분간 온몸으로 확장시키는 것이다. 따라서 좌선은 100분간 연속으로 진행된다. 물론 좌선이 익숙한 수행자는 후반부의 시간을 늘릴 수도 있다.

◎ 전반부의 호흡 관찰 수행법

전반부의 호흡 관찰은 들숨과 날숨을 강하고 빠르게 진행한다. 바람이 닿는 부분의 감각을 놓치지 않고 아는 것이 핵심이다. 들숨은 마치 주사기로 물을 빨아올리듯 신속하게 진행된다. 그리고 날숨 역시 강하다. 마치 풀무질을 하듯이 코에서 '푸~우, 푸~우', '쉬~익, 쉬~익' 하는 소리를 만들어 내기도 한다. 함께 모여 수행을 할 때면 각자가 만들어 내는 격렬한 숨소리가 사방에 가득하다. 처음에는 어색하지만 이 소리들은 방해보다 의지처가 된다. 격렬한 소리들 덕분에 내 소리에 신경 쓰지 않고 적극적으로 참여하게 되

있는 그대로

는 것이다. 강한 호흡의 반복으로 상체는 조금씩 흔들리고, 이들 진동이 모여 마룻바닥을 흔든다. 만약 누군가 수행의 열정을 표현해 보라고 한다면 눈에 보이지 않는 이 진동을 느껴 보라고 하고 싶다.

이 호흡을 처음 시작한 사람들은 어려움과 통증을 호소한다. 하지만 익숙해지면 들숨과 날숨을 빠르게 하는 것은 어렵지 않다. 문제는 균형이다. 속도를 떠나 들숨의 공기량과 날숨의 공기량이 비슷하게 유지되어야 한다. 수행자들은 균형과 익숙함을 찾기 위해 들숨만 신경 쓰며 빠르게 호흡해 보기도 하고 날숨만 신경 쓰며 빠르게 호흡해 보기도 한다. 호흡량을 길게 늘려 보기도 하고 짧게 줄여 보기도 한다. 일반적으로 빠르게 호흡할 때 코로 내뱉는 날숨이 들숨보다 쉽기 때문에 수행자들이 날숨만 강하게 하는 경향이 있다. 이러한 상황을 아는 지도자들은 들숨에 좀 더 신경 쓰라고 안내하기도 한다.

필자는 과호흡의 상태가 되기 일쑤였다. 들숨의 양이 많아 중간에 한 번씩 날숨을 길게 쉬는 일이 나타났고, 어느 경우는 빠르게 호흡을 해야 한다는 의식에 들숨이나 날숨 중 한 쪽만을 선택하여 반복적으로 쉬기도 했다. 편안하고자 하는 마음은 빠르고 교묘해 어느새 내 숨을 조절하려고 했다. 호흡의 불균형은 왼쪽 어깨와 등 주변에 강한 통증을 만들어 냈다.

하지만 호흡을 봐야 하기에 어쩔 수 없이 통증을 무시하고 호흡

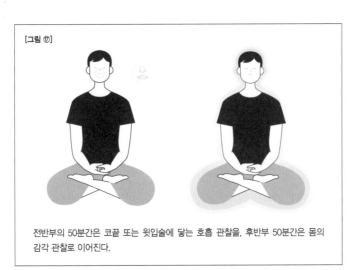

전반부의 50분간은 코끝 또는 윗입술에 닿는 호흡 관찰을, 후반부 50분간은 몸의 감각 관찰로 이어진다.

◎순룬 위빠사나의 주시 대상◎

이 닿는 부분만 주시하기를 반복한다. 머지않아 들숨과 날숨의 균형이 맞자 마치 박힌 칼을 빼내듯이 등을 찌르는 참기 힘든 통증은 신기하게 사라졌다. 속도에 상관없이 호흡에 주시하는 것은 수월해졌다. 들숨과 날숨에 대한 균형을 유지하면 50분의 강렬한 호흡이 길게 느껴지지 않는다.

◎후반부의 몸 감각 관찰

50분의 시간이 지나면 자명종이 울린다. 호흡에서 몸의 감각으로 전환하라는 신호이다. 이때 자신이 할 수 있는 가장 빠른 속도로 100회 정도 호흡을 진행한다. 마음속으로 숫자를 헤아리며 빠르게 숨 쉬는 것도 방법이다. 그리고 마지막 호흡에서 가슴이 빵빵해질 정도로 숨을 크게 들이쉬고 멈춘다. 자신이 들이쉴 수 있는 숨을 최대치로 들이마시며 멈추는 것이다. 이제 호흡은 자율신경계에 맡긴다.

50분간의 빠른 호흡 그리고 마지막으로 100회 정도의 격렬한 호흡 이후의 중지는 온몸을 통해 고요함을 경험하게 만들어 준다. 마치 물이 담긴 플라스틱 병을 마구 흔들다가 순간 바닥에 내려놓는 것과 같다. 세상은 조용해지고 50분간 키운 집중력만이 홀로 서 있다. 더 이상 호흡은 신경 쓰지 않는다. 이제 대상은 몸의 감각뿐이다. 두 번째 파트가 시작되는 것이다.

수행자는 감각의 관찰을 시작한다. 대부분의 경우, 호흡과 함께 들썩거리던 상체는 멈추고 미동도 없이 고요한 감각의 관찰이 시작된다. 처음 50분간은 호흡을 멈추지 않고 강하게 주시하는 것이 핵심이었다면 후반 50분은 몸에서 나타나는 현저한 감각을 놓치지 않고 주시하는 것이다.

후반부는 몸의 감각 중에 센 놈, 강한 느낌을 찾아 주시한다. 대부분의 수행자는 오래 앉은 영향으로 통증을 만나게 된다. 발이나 허리의 통증이어도 좋고, 통증이 없다면 몸의 단단함이라든지 어떤 느낌도 상관없다. 물론 후반부도 움직이면 안 된다. 전반부는 강렬한 호흡으로 인해 몸이 흔들리는 것이 사실이다. 하지만 후반부에서는 그 정도의 움직임도 용납하지 않는다. 특히 선임 수행자는 수행자들의 주변을 맴돌며 움직이지 말고 주시하라고 주의를 준다. 마치 '얼음땡' 놀이의 '얼음' 상태와 유사하다.

처음에는 빠른 호흡의 멈춤과 동시에 들뜸이 가라앉으면서 드라마틱한 고요함을 경험하지만, 서서히 감각들이 살아난다. 몸에서는 다양한 통증, 경련, 저림, 열기, 차가움 등 여러 가지 감각들이 나타나기 시작한다. 수행자는 이들 중 가장 현저한 대상을 골라 주시를 시작한다. 격렬한 호흡에 모아졌던 강한 주시의 힘을 몸의 감각으로 옮기는 것이다.

많은 수행자들이 이 단계에서 극심한 통증을 경험한다. 이에 수행처에는 순룬 사야도의 지침이 새겨져 있다. "수행자들이여, 다리가 저리더라도 움직이지 마라. 간지러워도 긁지 마라. 그리고 피곤하더라도 쉬지 마라." 순룬 수행처 안에서 통증은 수행의 당연한 과정에 불과하다.

또한 감각을 주시하는 중에 수행자가 자신의 생각을 확산시켜서도 안 된다. 예를 들어 '이 통증은 나의 팔에서 나타난다' '이 통증은 나의 무릎에서…' 등 '나'라고 하는 생각도, '내 것'이라는 생각도, '어디에서' 나타난다는 생각도 하지 않는다. 심지어 주시를 통해 무상(無常)함을 알았다고 해도 '무상하구나'라고 생각하지 않는다. 이러한 생각은 개념이고 개념을 아는 것은 위빠사나가 아니기에, 수행자는 현저하게 나타나는 그 대상만을 주시한다. 이 과정을 통해 수행자는 현상을 있는 그대로의 모습으로 볼 수 있게 된다. 그리고 더 나아가 감각을 넘어선 마음의 단계로 들어가게 된다.

좌선의 핵심 포인트, 균형 잡힌 호흡과 인내

순룬의 위빠사나의 수행은 언뜻 보면 단순 무식한 방법처럼 보일 수도 있다. 그러나 단순 무식해 보이는 전반부의 강한 호흡은 대상이 분명하게 나타나기에 주시의 확립에 유리하다. 동시에 졸음이나 망상, 지루함 등의 장애[五蓋]가 나타나기 쉽지 않다. 수행 도중에 장애가 거의 나타나지 않는다는 것은 대단한 장점이다. 게다가 좌선 시간과 휴식 시간도 분명해 짧고 굵게 수행할 수 있다는 장점이 있다. 하루 20시간 이상 수행을 해야 하는 다른 위빠사나와 달리 하루 3회, 300분의 좌선 시간만 지키면 된다. 마치 감시자가 붙은 느낌이지만 이외의 나머지 시간은 자유롭다.

하지만 전반부의 호흡이 생각처럼 간단하지 않다. 초보자가 50분간 강하게 숨을 지속적으로 쉬는 것 자체가 힘이 든다. 따라서 중간에 길게 쉬거나 쉬어가게 되는데, 그렇게 하면 집중(samādhi)이 강해지지 않는다. 가능한 지속적으로 빠르게 진행하는 것이 중요하다. 호흡이 닿는 부분을 주시하는 순간만이 현재이다. 지나간 호흡도 다가올 호흡도 아닌 바로 지금 이 순간의 그 느낌을 주시하는 것이다. 수행자는 다른 어느 수행보다도 분명한 호흡을 만날 수 있다.

2. 힘들지만 순수한 수행

순룬 위빠사나 수행은 매우 엄격하기로 소문이 나 있다. 무엇보다도 고통을 피하기 위해 자세를 바꿔서는 안 된다. 어차피 겪어야할 통증이라면 빨리 경험하고 보내는 것이 상책이라 말하는 것 같다. 실제로 수십, 수백 명이 모여서 함께 진행하면 수행처의 마룻바닥은 작은 진동들이 모여 흔들리기 시작한다. 쉭쉭거리는 격렬한 숨소리와 함께 어깨는 들썩거리고 수백 명의 머리는 마치 머리 흔드는 인형처럼 반복적으로 끄떡거리기도 한다. 수행의 시작 자리에서는 '힘들다…', '어렵다…', '괴롭다…'는 표현이 순룬 수행의 적절한 묘사인 듯하다.

호흡할 때 단 한 번의 닿음도 놓쳐서는 안 된다. 매 순간의 닿음을 주시해야 한다. 수행자는 호흡을 관찰함에 있어 긴장을 풀 여유가 없다. 모든 힘을 다해 열성적으로 주시해야 한다. 어려운 호흡에 지쳐 필자는 인터뷰 시간에 질문했다.

"위빠사나 수행은 현상을 있는 그대로 보는 것 아닙니까? 인위적으로 강하게 호흡을 하다 보니 호흡을 있는 그대로 보는 것 같지

있는 그대로

않습니다."

나의 질문에 선원장인 우 와라(U Wara) 사야도는 친절하게 대답해 주셨다.

"호흡을 무조건 강하게 하라고 하는 것이 아닙니다. 이는 시작의 단계에서 수행자들이 선택하는 방법의 하나입니다. 이 호흡은 수행자가 게으름, 졸음, 그리고 감각적 욕망에서 벗어날 수 있도록 도와줍니다. 하지만 무엇보다 중요한 것은 강한 호흡이 아니라 들숨과 날숨이 균형을 이루는 것입니다."

초보 수행자들의 경우, 강하고 빠른 호흡에 의한 통증을 많이 호소하는데 이는 들숨과 날숨의 균형이 맞지 않아 발생하는 증상이며, 호흡의 불균형은 수행자를 피곤하게 만든다. 그러므로 주의를 기울여 들숨과 날숨의 균형을 찾는 것이 무엇보다 중요하다. 호흡의 균형이 중요한 이유는 주시와도 관련이 있다. 들숨과 날숨이 균형을 이루었을 때, 마치 톱이 움직여 나무를 자르듯 강렬하지만 부드럽고 자연스러운 주시를 유지할 수 있게 된다.

50분간의 강한 호흡 관찰, 50분간의 현저한 몸의 감각 관찰이 힘들고 어렵지만 그렇게 길지 않다. 처음에는 100분이 벅차지만 이러한 과정을 통해 얻은 힘은 앞으로 수행 중에 일어날 다양한 괴로움을 대처하는 힘을 키워 준다. 수행자는 머지않아 집중력의 향상과 더불어 100분의 좌선에 적응한다. 자세를 바꾸지 않아도 어려움 없이 수행이 진행될 정도로 적응되면 수행은 낮이고 밤이고 지속될 수 있다.

순룬 위빠사나의 수행 방법은 시작도 어렵고 유지하기도 힘들다, 하지만 순룬의 매력은 우직함과 순수함이다. 인스턴트 음식을 찾듯 쉽고 간단한 수행 방법을 찾아나서는 요즘, 여러 해 묵어 만들어지는 전통 음식처럼 힘들고 고된 과정을 거치지만 순수하면서도 깊은 매력이 있다. 그 때문에 힘든 수행임에도 불구하고 대형 수행처에는 남녀노소의 수행자들로 열기가 가득하다. 특히 소아마비 아이가 벽에 기대고 수행하는 모습은 잊을 수 없는 장면으로 남아 있다.

순룬 위빠사나 수행은 다른 위빠사나 수행에 비해 외국인에게 인기가 적다. 시작이 어렵다는 이유로 마하시나 쉐우민에 비해 외국인 수행자가 현저히 적은 편이다. 한때는 외국인 호스텔 건물 전체를 필자 혼자 사용한 적도 있다. 외국인 재가 수행자가 한 명뿐이니 나를 위한 공양도 따로 마련해 주었다. 고맙고 미안한 마음이 여전히 남아 있다.

있는 그대로

사람에 따라 고수의 향은 호불호가 갈립니다. 싫어하는 사람은 빈대 냄새가 나는 풀이라 꺼리지만, 좋아하는 사람에게는 없어서는 안 될 향신료입니다. 하지만 동남아 지역 사람들은 대부분 고수를 좋아합니다. 미얀마 수행처의 음식에도 대부분 고수가 들어갑니다.

필자는 아침에 주는 국수 국물에 이미 가루처럼 섞여 있는 고수를 빼낼 수 없었습니다. 게다가 오후 불식의 상태에서 아침을 거르기도 쉽지 않았습니다. 매일 먹다 보니 어느 사이 적응이 되어 이제 고수 없는 쌀국수는 허전합니다. 결국 고수 자체에 문제가 있던 것은 아닙니다. 고수 향을 좋아하고 싫어하고는 제 선택이었던 것입니다.

쉐우민 수행센터는 좋고 싫음에 대한 나의 선입견에 한 방을 날린 곳입니다.

쉐우민 수행처의 분위기는 다른 수행센터와 달리 자유롭습니다. 정해진 시간에 정해진 방법으로 수행할 것을 강요하지 않습니다. 수행처 안에서 독서도 할 수 있습니다. 긍정적으로 보면 자유롭고, 부정적으로 보면 대책이 없습니다. 자신 스스로의 조절 능력이 절실히 요구되는 곳이기도 합니다. 인터뷰의 내용도 사뭇 다릅니다. 마하시 위빠사나에서는 자신이 감각적으로 경험한 것 위주로 보고하지만, 쉐우민 위빠사나에서는 감각뿐만 아니라, 마음으로 생각한 것까지 보고합니다.

쉐우민 수행센터에서는 알아차림만으로는 안 된다며, 끊임없이 마음을 보라고 합니다. 대상이 문제가 아니라 내 자신이 문제이니 그 마음을 보라고 말합니다. 그 뜻을 이해하는 데는 긴 시간이 필요하지 않았습니다.

우 떼자니야 사야도의 지도 아래 진행되는 집단 인터뷰 시간이었습니다. 우 떼자니야 사야도는 인터뷰에 참가한 사람들에게 어떻게 수행하고 있는지 물으셨습니다. 그러자 한 수행자가 답했습니다.

"저는 아침에 공양간에 가는 것이 싫습니다."

"왜 싫은데요?"

"공양간에 들어갈 때 나는 냄새가 역겨워서 식욕이 떨어집니다."

"아 그렇군요…. 그런데 어떤 사람은 공양간에 들어갈 때 그 냄새를 맡고 식욕이 일어납니다. 냄새가 문제는 아닌 것 같네요."

" … "

그렇습니다. 설명이 필요 없었습니다. 문제는 냄새가 아니었습니다.

우리는 문제가 생겼을 때 항시 대상을 탓합니다. 싫어하는 사람은 그 사람이 나쁘기 때문이고, 좋아하는 사람은 그 사람이 좋기 때문입니다. 그런데 내가 싫어하는 사람을 다른 사람들도 모두 싫어할까요? 내가 좋아하는 사람을 다른 사람들도 모두 좋아할까요?

싫어하는 사람을 내 뜻대로 통제하고 싶지만 그렇게 움직여 주지 않습니다. 내가 노력해도 변하지 않는 그를 나는 싫어할 수밖에 없는 것입니다. 나는 끊임없이 노력합니다. 그를 조정하기 위해서 말입니다. 하지만 그는 스스로가 움직이기 전에 절대로 변하지 않습니다.

있는 그대로

그렇다면 조정하기 어려운 외부 대상을 떠나, 상대적으로 수월한 내 마음을 다스리는 것은 어떨까요? 내 마음을 다스리기에 앞서서 내 마음이 어떤 상태인지 아는 것은 어떨까요?

아침에 공양간에 들어가기 싫어하는 마음이 일어났을 때, 싫어하는 냄새 자체를 해결하는 것은 쉽지 않습니다. 하지만 싫어하는 마음을 알고 다스리는 것은 상대적으로 수월합니다.

1

쉐우민 위빠사나의 탄생

쉐우민 사야도(ven. Shwe Oo Min)는 1913년 미얀마 몬주의 목카무(Mokkhamu) 마을에서 태어났다. 어린 시절의 이름은 마웅 칫 늇(Maung Chit Nyunt)이었다. 아홉 살이 되던 해에 같은 마을의 난디야 스님의 지도 아래 아신 꼬살라(Ashin Kosalla)라는 이름으로 사미 생활을 시작하여, 1933년 스무 살이 되던 해에 비구계를 받았다. 빠치마욘(Pacchimāyon) 사원의 야 짜우(Yar Kyaw) 스님의 가르침으로 수행을 시작하였으며, 마하시 수행센터에서 머물며 마하시 사야도의 가르침을 통해 수행을 발전시켰다.

10년간 마하시 수행센터에서 수행 지도자(Kammaṭṭhanācariya)를 역임했고, 1982년 마하시 사야도의 서거 이후에는 마하시 수행센터를 맡아달라는 부탁을 받았다. 쉐우민 사야도는 자신의 수행 시간이 충분히 허용되지 않을 것이라는 이유로 자리를 거절한다. 하지만 그를 따르는 수많은 내외국인 수행자들은 그 후에도 쉐우민 사야도가 머물고 있는 사원을 찾아갔고, 늘어나는 수행자들을 수용할 수 있는 넓은 공간이 필요했다. 쉐우민 사야도의 가르침을 원하는 수많은 사람들이 함께 수행할 수 있는 쉐우민 위빠사나 수행센터 건립이 필요해진 것이다.

드디어 1999년 2월 3일, 양곤 밍가라돈의 꼬네따라바웅 마을에 쉐우민 담마수카 수행센터(Shwe Oo Min Dhammasukha meditation centre)가 건립되었다. 그것을 시작으로 그의 가르침은 미얀마뿐만 아니라 세계 전역으로 퍼져 나가기 시작했다. 그의 나이 90세가 되던 2002년 11월, 쉐우민 사야도는 70번의 안거를 지내고 그의 수행센터 안에서 입적했다. 그의 일생은 수행자로서 지도자로서 충실함 그 자체였다.

쉐우민 사야도의 입적 이후, 쉐우민 수행센터는 제자인 우 떼자니야(Ashin Tejaniya) 사야도에 의해 수행법을 전수하고 있다. 수행센터의 일과는 새벽 3시 반에 시작된다. 수행자들은 하루 7시간의 좌선과 6시간의 행선을 진행하게 된다. 하지만 마하시나 순룬처럼 일정을 정확하게 지킬 것을 강조하지는 않는다.

쉐우민 수행센터는 최근 한국 사람이 가장 많이 찾는 위빠사나 수행센터로, 주로 마음을 관찰하는 심념처 수행센터이다. 2008년 4월, KBS 다큐멘터리 팀과 쉐우민 센터를 방문했을 때, 섭씨 40도를 웃도는 뜨거운 열기에도 불구하고 띤잔 기간을 이용하여 593명이 수행을 하고 있었다. 수행자와 센터를 돕는 117명의 도우미까지 합하면 총 730명이 쉐우민 수행센터에서 마음을 관찰하고 있었다. 2012년 우기에는 외국인만 150여명이 수행하고 있었고, 빈방이 없어 수행하기가 어려울 정도였다. 필자도 창고를 비워서 머물러야 했다. 그리고 2019년 1월에는 떼자니야 사야도가 안 계신데도 불구하고 326명이 수행하고 있었다.

이곳 수행센터에서는 현지인뿐만 아니라 외국 수행자들까지 수행에 집중할 수 있도록 지원을 아끼지 않고 있다. 수행처에 머무는 동안 비용을 받지 않으며, 뛰어난 스승으로부터 수행 지도를 받을 수 있다. 외국인 수행자를 위해서는 모기장을 비롯해 돗자리, 매트리스, 담요, 베개, 보온병 등을 제공한다. 다만 외국인의 경우에는 초청장을 발급받은 사람에 한해 센터에 들어와 수행을 할 수 있다.

참고로, 외국인이 미얀마 수행센터에서 집중수행을 하려면 초청장과 비자가 필요하다. 사전에 가고자 하는 센터에 집중수행 신청을 하고, 수행하러 와도 좋다는 초청장(visa sponsor form)을 받아야 한다. 그래야 센터 쪽에서 숙소라든가 식사 문제를 사전에 준비할 수 있기 때문이다. 비자는 관광비자와 명상비자(meditation visa)가 있는데, 장기간 명상을 계획했다면 반드시 명상비자를 발급받아야 한

위 왼쪽: 쉐우민 위빠사나 수행센터 입구. 요즘 한국인들에게 인기가 많은 수행센터이다.

위 오른쪽: 수행홀에 모셔져 있는 쉐우민 사야도의 동상.

아래 왼쪽: 쉐우민 수행센터의 수행 공간. 수행홀은 남성과 여성을 엄격하게 분리한다.

쉐우민 위빠사나 수행센터(Shwe Oo Min Dhamma Sukha Tawya)

add: Aung Myay Thar Yar Street. Kon Tala Paung Village, Mingaladon Township P.O. 11023,
     No. 3 Main Road, Yangon, Myanmar
tel : +95-01-638170, 636402
e-mail: shweoomindsk@myanmar.com.mm / headway@mptmail.net.mm
website: https://ashintejaniya.org
You Tube: Sayado U Tejaniya

다. 관광비자로 방문하면 비자 연장이 불가능하기 때문이다. 다시 말해 미얀마를 입국할 때 명상비자를 가지고 있어야만 미얀마 현지에서 비자 연장이 가능하다.

명상 비자를 위한 초청장 제도는 미얀마 정부에서 정한 규정이다. 수행을 할 때는 반드시 초청장이 있어야 센터에 머물며 수행을 할 수 있도록 해놓았다. 쉐우민 수행센터뿐만 아니라 마하시 수행센터, 순룬 수행센터 모두 공통으로 적용되는 사항이다. 또한 어느센터에서 초청장을 받았든 모든 수행센터에서 수행할 수 있는 권한을 준다. 명상비자를 발급해준 해당 센터뿐만 아니라 다른 수행센터에 가서도 수행을 할 수 있다는 뜻이다.

있는 그대로

1. 쉐우민 위빠사나의 핵심

쉐우민의 위빠사나는 현재 국내에서 가장 인지도가 높은 수행법으로, 많은 수행자들이 정진하고 있다. 수행법의 특징처럼 교리적 분석보다는 실천을 강조하기에 방법론을 정의하기가 쉽지 않다. 이 방법 역시 필자가 배우고 경험한 것을 바탕으로 설명하도록 하겠다.

쉐우민 위빠사나 역시 순수위빠사나의 한 형태이다. 선정의 성취로 이끄는 사마타 수행 없이 열반을 성취하는 방법으로, 순수하게 주시〔알아차림〕를 통해 지혜를 계발하는 위빠사나만 행한다. 이곳에서 수행자는 집중을 통한 몰입보다는 현상의 생멸에 대해 있는 그대로 아는 것이 더욱 중요하다.

하지만 앞서 설명한 마하시나 순룬의 위빠사나와는 다른 행보를 걷고 있다. 마하시와 순룬의 주시(sati)는 대상에 마음을 두고 있는 의미에 가깝다면, 쉐우민의 주시〔아는 마음〕는 대상을 알고 있는 알아차림(sampajañña)의 의미에 가깝다.* 따라서 알아차림이라고 할 때, 주시와 알아차림을 포함하는 의미로 보는 것이 적합하다. 수행자는 현상을 있는 그대로 관찰하기 위해 '신수심법(身受心法)'의 사념처(四念處)를 모두 활용하는데, 그중에서도 마음을 따라서 관찰하는 심념처(心念處)를 가장 잘 활용하게 된다.

아는 마음, 지켜보는 마음

수행자는 마음을 통하여 모든 대상을 알아차린다. 쉐우민 수행센터의 수행자는 관찰 대상을 마음으로 아는 것뿐만 아니라, 그 대상을 알고 있는 마음 역시 알아차려야 한다. 수행자가 수행할 때 나타나는 마음은 여러 가지이다. 먼저 대상을 '①아는 마음(knowing mind, noting mind)'이 있고, 아는 마음을 '②지켜보는 마음(observing mind, watching mind)'이 있다. 예를 들어 길을 가다 싫어하는 사람을 보면, '저 나쁜 놈' 하는 첫 번째 아는 마음이 있고, '내가 화가 났구나' 하는 두 번째 지켜보는 마음이 있다. 따라서 수행자는 내·외부의 대상을 ①아는 마음뿐만 아니라 그것을 아는 내부의 ②지켜보는 마음까지도 알아차려야 하는 것이다.

---

* 정준영, 「순수위빠사나의 정학실천 비교연구: 마하시와 쉐우민 위빠사나를 중심으로」 『불교학보』 83, (불교문화연구원 2018)

싫어하는 사람을 보았을 때, 마음은 싫어하는 대상에 저절로 달라붙는다. 그 대상과 관련한 과거의 생각이 떠오르고, 앞으로의 미래에 대한 걱정에 분노는 멈추지 않고 계속 일어난다. '어떻게 네가 나에게 이럴 수 있니?', '내가 너한테 얼마나 잘해 주었는데!', '저게 내 욕을 하고 다닌다며?', '저게 나를 얼마나 더 괴롭힐까?' 이러한 분노를 불(火)에 비유한다면, 싫어하는 사람은 마치 불의 땔감처럼 계속 불을 피우는 역할을 한다.* 이때 수행자는 분노의 대상[땔감]이 아닌 분노[火] 자체를 알아차리도록 시도한다. 조정하지 못하는 대상에 마음을 두는 것이 아니라, 조정 가능한 내 마음의 상태를 알아차리는 것이다.

물론 마하시 사야도의 수행 방법처럼 들숨과 날숨을 통해 발생하는 배의 움직임을 관찰하는 것도 가능하다. 들숨의 배가 '단단하다'거나 '따뜻하다'로 알아차리는 것이 ①아는 마음이다. 그리고 지금 '단단하다고 알고 있구나' 혹은 단단해지는 것을 '걱정하고 있구나' 하는 마음이 ②지켜보는 마음이다. 이처럼 아는 마음을 다시 알아차리기 때문에 필자는 상위인지(meta-cognition)라는 개념으로 자주 표현한다.

또한 몸의 감각에 대한 알아차림보다도 마음을 지속적으로 알아

---

* 정준영, 「붓다의 분노」 『분노, 어떻게 다스릴 것인가』, (운주사, 2016)

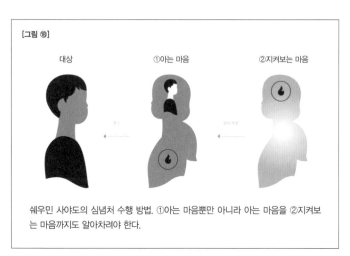

[그림 ⑱]

대상   ①아는 마음   ②지켜보는 마음

쉬우민 사야도의 심념처 수행 방법. ①아는 마음뿐만 아니라 아는 마음을 ②지켜보
는 마음까지도 알아차려야 한다.

◎아는 마음, 지켜보는 마음◎

차리는 것이 중요하다. 예를 들어 통증이 나타나면 통증 자체에 대
해 신경을 쓰기보다 통증이 일어났을 때 그것에 대한 마음의 반응
을 살피는 것이 중요하다. 굳이 선택을 해야 한다면 통증에 대한
'쑤심'보다는 '짜증'을 알아차려야 하는 것이다. 이것이 수행의 시
작 자리에 있어 마하시 위빠사나와 쉬우민 위빠사나의 차이점이다.

하지만 처음 수행을 시작하는 수행자는 ②지켜보는 마음을 알기
가 어렵다. 따라서 수행의 시작에서는 몸의 감각에 대한 알아차림
과 병행하며 육근을 통해 수시로 ①아는 마음을 찾는 노력을 한다.
초보 수행자가 마음을 직접 보기 어려우면 마음과 몸의 감각을 연
계하여 관찰을 시작한다. 좌선뿐만 아니라 행선의 경우도 몸과 마

음을 모두 관찰한다. 몸에서 일어나는 느낌을 알고 그것을 아는 마음도 안다. 자연스럽게 걸으면서 머리끝에서 발끝까지 몸 안에서 일어나는 육근의 작용을 있는 그대로 안다. 그리고 무엇을 보게 된다거나 느낌으로 인해 발생하는 마음이 있다면 그것을 아는 마음도 있는 그대로 알아차린다.

사실 쉐우민 위빠사나에서는 특정의 대상을 정해 놓고 진행하는 것이 아니라 무엇이든지 아는 것은 대상이 되기에, 대상이 자주 바뀌며 수행자는 바빠진다. ②지켜보는 마음은 내 마음을 보는 것이기에 대상이 제한되나 ①아는 마음을 진행하는 단계는 육근과 대상의 만남을 다루기에 더 바쁘다.

수행자는 편안한 마음가짐과 편안한 자세를 갖춰야 한다. 한 가지 대
상을 집중적으로 보기 위해 긴장하거나 애를 쓰면 한 곳에만 집중되
어 다른 곳에서 어떤 현상이 일어나는지 알 수 없다. 그 긴장감은 수
행자가 현상을 있는 그대로 볼 수 있도록 하는 것이 아니라, 보고자
하는 의욕이 만들어 낸 모습을 보게 하기도 한다.

2. 쉐우민 위빠사나의 특징

쉐우민 위빠사나 수행의 특징은 쉐우민 사야도의 설명처럼, "강요하지 않고, 긴장하지 않으면서 가장 위대한 노력이 가능해야 한다"는 것이다. 그러려면 긴장하지 않고 편안한 마음으로 수행을 시작해야 하며, 수행 도중에도 몸과 마음이 긴장하지 않는지 살펴봐야 한다.

수행자는 편안한 마음가짐과 편안한 자세를 갖춰야 한다. 한 가지 대상을 집중적으로 보기 위해 긴장하거나 애를 쓰면 한 곳에만 집중되어 다른 곳에서 어떤 현상이 일어나는지 알 수 없기 때문이다. 뿐만 아니라 그 긴장감은 수행자가 현상을 있는 그대로 볼 수 있도록 하는 것이 아니라, 보고자 하는 의욕이 만들어 낸 모습을 보게 하기도 한다. 열심히 하려고 하면 할수록 그렇게 되기 어려울 수가 있다. 따라서 단순하고 편안하게 접근하는 것이 중요하다.

마음을 가장 편안하게 만든 후에 알아차림을 시작하는 것이다. ①아는 마음과 ②지켜보는 마음을 알아차리려면 지나치게 힘을 주지 말고, 지나치게 열심히 시도하지도 않으며, 통제하려거나 조정하려 말고 있는 그대로 관찰해야 한다. 이러한 특징이 앞서 설명한 마하시나 순룬 위빠사나와 다른 점이다.

인위적인 모든 것을 부정한다

쉐우민 사야도는 관찰 대상에 명칭을 붙이거나 관찰을 위해 인위적으로 동작을 만들어 내는 것 역시 부정한다. 다시 말해 집중을 유지하기 위해 시간과 자세를 제한한다거나, 일부러 천천히 움직이는 등의 방법을 사용하지 말라는 것이다. 왜냐하면 있는 그대로 관찰했을 때 지혜의 법이 일어나는 것이지 인위적으로 만들어 낸 현상을 통해서는 법의 이치를 알기 어렵기 때문이다. 따라서 자연스럽게 걷고, 앉고, 움직이며 알아차리는 것이 중요하다.

예를 들어 걷기 위해서 다리를 들고자 할 때, 들려고 하는 마음이 먼저 일어난다. 수행자는 이 마음을 알아차린다. 다리를 들고, 앞으로 밀고자 하는 마음이 일어나서 앞으로 밀게 된다. 이때에도 밀고자 하는 마음과 밀 때의 마음을 알아차린다. 물론 미세하여 알아차리지 못하는 마음을 억지로 찾아낼 수는 없다.

그리고 걷는 중에 어느 방향에서 이상한 소리가 들리면 수행자는 소리가 들리는 것을 알아차리고, 왜 소리가 나는지 보고 싶어 하는 마음이 일어나는 것을 알아차린다. 그 소리로 인해 두렵다면 두려위하는 마음을 알아차리고, 소리가 일어난 곳을 보면서 보이는 것을 알아차리고, 보고 나서 두려움이 없음을 알아차린다. 이러한 마음과 알아차림이 계속 연계되어 알아차림을 지속하게 된다.

이 방법을 통하여 수행자는 현상들이 어떤 조건으로 인해 어떤 결과가 생긴다는 사실을 알게 된다. 어떤 현상이 일어나는 데 있어 그 안에 내가 있거나 내가 어떻게 변화시키는 것이 아니라, 수많은 조건과 결과의 연속으로 현상들이 나타난다는 사실을 알게 된다. 즉, 연기를 이해하는 것이다. 이들은 조작된 것이 아니라 현상들의 성질이다. 수행자는 있는 그대로의 자연적인 성품을 아는 것이다.

인위적인 동작을 만들어 내는 것은 있는 그대로를 보기 어렵게 만든다. 수행자는 단지 일어나고 있는 현상을 아는 것이 중요하다. 소리를 들으면 들림을 알기만 하고, 들리는 소리가 무엇인지 판단하려 해서는 안 된다. 따라서 ①아는 마음[cognition]과 ②지켜보는 마음[meta cognition]이라는 두 가지 마음만 빠르게 교차하고 있어야 한다. 만약 둘 중에 하나의 마음만 나타나고 있다면, 다른 한 자리는 '나'라고 하는 자아관념이 순식간에 차지하게 될 것이다.

마음 관찰 위주로 진행되는 인터뷰

마음이 대상이고 관찰자이다 보니 마음과 망상 사이에 혼동이 올 수 있다. ①아는 마음과 ②지켜보는 마음은 대상이 있다. 하지만 망상은 대상이 없다. 대상을 놓치고 마음이 확산하여 방황하는 것을 망상이라고 한다. 수행자는 망상의 성질 역시 알아야 한다. 수행자는 망상을 무조건 없애려고 하는 것이 아니라 망상이 일어나면 망상의 성품을 알아차리고, 대상 없이 방황하는 마음을 알아차리고 멈추는 것이다.

이 과정은 홀로 하는 것이 아니라 스승의 지도와 함께 진행된다. 현재 쉐우민 수행센터는 우 떼자니야(U Tejaniya) 사야도가 지도한다. 그의 인터뷰 시간에서 긴장감은 찾아보기 어렵다. 벌레가 지나가는 것을 보고 일어난 혐오스러운 마음, 듣기 싫은 법문을 들으며 일어난 성난 마음, 그 마음들을 관찰한 마음 등 수행자에게 일어난 마음들에 대하여 편안하게 묻는 자리가 바로 인터뷰 시간이다. 우떼자니야 사야도는 그러한 마음들이 법에 대한 이해로 연결될 수 있도록 지도한다. 그는 수행의 결과는 체험으로 나타나는 것이 아니라 지혜로 나타나는 것이라고 설명한다.

많은 수행자들은 집중에 힘을 쓰고 집중으로 인해 새로운 현상을 체험하게 된다. 물론 올바른 집중은 현상을 있는 그대로 볼 수 있도록 도와주기도 하지만 자칫 의도된 집중은 가상의 현상을 만들어 내기도 한다. 그리고 수행자는 특정의 현상이나 체험에 집착하거나 만족하여 더 이상 진전하지 못하기도 한다. 앞서 살펴보았던 열 가

있는 그대로

지 위빠사나 번뇌(十觀隨染, dasa-vipassana-ūpakkilesa)도 이러한 맥락에서 집착의 대상이 된다.

따라서 쉐우민은 특정의 체험이나 수행의 단계를 중요하게 생각하지 말라고 한다. 왜냐하면 법에 대한 지혜가 일어나는 것 자체가 수행의 발전이라고 보기 때문이다. 따라서 특정의 단계나 체험을 통하여 성인(聖人)의 도과(道果)를 얻었다는 것은 쉐우민 수행센터에서는 듣기 어려운 설명이다. 쉐우민 사야도는 다음과 같이 설하셨다.

"알아차림 없이 지혜는 성취하고 어렵고, 삶은 무의미하다. 알아차림이 있으면 지혜는 성취되고 삶은 완성된다."

2

쉐우민 위빠사나의
기본 수행법

쉐우민 위빠사나 수행의 특징은 다음 네 가지로 정리할 수 있다.
첫째, 시간을 가리지 않는다. 둘째, 장소를 가리지 않는다. 셋째, 일
을 가리지 않는다. 넷째, 자세(행주좌와)를 가리지 않는다. 즉, 언제,
어디서, 무엇을, 어떤 자세로 해야 한다는 규칙이 없다. 24시간 어
디서든지 마음에서 나타나는 것을 알아차리면 된다.

이 수행은 수행 시간을 정해 놓고 하기보다는 하루 종일 지속되
는 수행이라고 봐야 한다. 따라서 힘을 주어서 수행을 하는 것은 불
가능하다. 편안하고 여유 있는 마음으로 진행해야 가능하다. 수행
자는 일어나는 현상(法)의 성질을 알아차리겠다는 마음을 가지고
접근한다. 인위적으로 힘주어 수행하지 않는다. 알아차림의 대상

역시, 제한하거나 찾아다니는 것이 아니라 마음에서 나타나는 것을 알아차린다. 있으면 있는 대로, 없으면 없는 대로 알아차린다. 없는 것을 일어나게 해서도 안 되고, 있는 것을 사라지게 해서도 안 된다. 나타나고 사라지는 모든 현상은 자연스러운 것이다.

좌선을 하는 경우, 한 시간을 앉겠다, 두 시간을 앉겠다고 시간을 정해 놓을 필요도 없다. 시간을 정해 놓고 하는 사람은 결심이 깨질까 걱정하는 마음이 일어나 알아차림을 방해한다. 따라서 수행을 위해 무엇인가를 정하고 그 틀에 얽매일 필요가 없다. 앉아 있기 힘들다면 행선으로 바꿔도 좋다. 걷는 것이 힘들다면 앉아도 좋다. 중요한 것은 앉거나 걷는 것이 아니라 알아차림을 유지하느냐 유지하지 못하느냐이다.

본 수행을 통해 알아차려야 하는 것은 '바깥의 대상'이 아니라 '마음'이다. 일어나는 것은 대상이고, 아는 것은 마음이다. 이 두 가지의 성질은 다르다. 또한 아는 것은 '마음'이지 '나'가 아니다. 내가 아는 것이 아니라 마음이 알 뿐이다.

1. 앉아서 하는 수행

조용한 장소에 편안하게 앉아 몸과 마음에서 일어나는 현상들을 알아차린다. 허리를 곧게 세우겠다는 마음보다는 편안하게 앉겠다는 마음이 필요하다. 긴장을 풀고 충분히 이완된 상태에서 좌선을 진행한다. 눈을 감아도 좋고 눈을 떠도 좋다. 쉐우민 사야도는 눈을 뜨는 것이 알아차림의 대상이 늘어나기에 좋다고도 설명한다.

쉐우민 위빠사나는 순룬의 위빠사나처럼 특정의 자세를 요구하지 않는다. 수행자가 편안함을 유지할 수 있는 자세라면 어떤 자세라도 문제 삼지 않는다. 참고로, 마하시의 좌선 자세를 참고하여 편안하게 좌선을 진행하면 된다. 다만, 마음이 더 중요하기에 좌선 자체나 자세를 중요하게 생각하는 수행법은 아니다.

편안하게 앉은 상태에서 몸과 마음을 살펴보면 안이비설신의(眼耳鼻舌身意: 六根)를 통해 대상이 들어오고 있음을 알게 된다. 이때 그 대상을 [마음으로] 알아차리는 것이 방법이다. 예를 들어 앞에 앉아 있는 사람의 뒷모습이 보이면 단지 보는 것으로 끝나는 것이 아

있는 그대로

니라 [마음을 통해] '보이는 것을 알고 있다'고 알아차린다. 소리가 들리면 소리가 들리는 것에 대해 알고 있음을 알아차린다. 냄새가 나면 냄새가 나는 것을 알고 있음을 알아차린다. 다시 말해 어떠한 대상이든지 현재 있는 대상에 마음을 두는 것이다.

안이비설신(眼耳鼻舌身)이라는 몸을 통해 들어오는 것들을 알아차리고, 그때의 마음을 알아차리고, 그것을 알아차리는 마음도 알아차린다. '지금 마음은 어떤가?'로 현재의 마음을 알아차리려 시도하고, 알게 된 대로 '그런 마음이 있구나'라고 알아차린다. 알아차린 마음에 대해 분별과 판단을 삼가고, 반복적으로 현재의 마음을 알아차린다.

좌선의 핵심 포인트,
편안한 마음으로 대상이 있음을 알아차린다

처음 시작하는 수행자는 육내외입처를 통해 순간순간 알아차림 [아는 마음]을 지속해야 한다. 우리가 눈[眼耳鼻舌身意]으로 어떤 대상을 보았을 때 그것을 아는 것으로 시작한다. 그리고 더 발전하면 그 대상을 아는 마음도 알아차릴 수 있다. 여기서 핵심은 우리가 어떤 대상을 바라보면 그 순간 삼독심(三毒心, 탐욕, 성냄, 어리석음)이 일어나기 쉽고, 이때 일어나는 삼독심을 알아차리는 것이 중요하

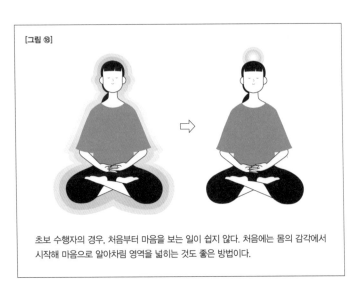

[그림 ⑱]

초보 수행자의 경우, 처음부터 마음을 보는 일이 쉽지 않다. 처음에는 몸의 감각에서 시작해 마음으로 알아차림 영역을 넓히는 것도 좋은 방법이다.

◎주시의 시작과 주시의 영역◎

다. 길을 가다 싫어하는 사람을 만나면 분노가 치밀어 오르면서 당황하게 된다. 이때 싫어하는 대상을 보는 것이 아니라, 분노하고 있는 내 마음을 보는 것이다. '내가 화를 내고 있구나'라고 알아차려야 한다.

하지만 보이지 않는 삼독심을 억지로 찾을 필요는 없다. 또한 특정한 대상에 집중하거나 알아차리기 위해 오랜 시간 머물거나, 변화의 과정을 살펴보려고 하거나, 힘을 주어 본다거나, 잘하겠다는 굳건한 의지를 지닐 필요도 없다. 단지 편안한 마음으로 대상이 있음을 알아차리면 된다.

수행자는 육근에 들어온 대상에 대해 두세 번 마음을 내어 알아차린 후에 다른 대상으로 전환할 수 있다. 한 가지 대상을 지속적으로 주시하고 알아차리는 것이 중요한 것은 아니다. 수행의 시작에는 알아차릴 대상이 별로 없는 것처럼 느껴지지만, 알아차림 수행을 지속하면 할수록 육근[眼耳鼻舌身意]을 통해 알아차려지는 대상은 늘어난다. 앞서 진행한 마하시나 순룬의 위빠사나 수행은 현저한 느낌에 가능한 오래 머물면서 변화를 관찰하는 것이 핵심이었다. 하지만 이 수행은 느낌의 변화를 보려 노력하기보다 다양한 대상들을 알아차리려 하는 것으로 시작한다.

수행자는 현재의 마음 안에 바라거나 싫어하는 마음이 있는지 없는지 알아차리고, 그 마음을 내려놓는다. 육문의 접촉을 통해 지금 바라는 마음이 있는지 확인해 보고, 그 마음을 알아차린다. 이러한 마음을 바라볼 수 있으면 그만이다. 이제 무엇을 바라거나 기대하지 않고 편안한 마음을 유지하는 것이 가능해진다. 수행자는 단지 알려고 할 뿐, 원하는 대상을 고르거나 바꾸려고 노력하지 않는다. 따라서 힘을 주어 집중하는 것이 아니라 대상을 잊지 않고 지켜보는 것이다. 대상은 단지 알아지는 것일 뿐, 대상 자체에 가치나 의미를 부여할 필요는 없다.

◎아는 마음이 분명하지 않을 때

만약 '아는 마음'이 무엇인지 분명하지 않으면 스스로에게 물어

PART 5 • 순룬과 쉐우민 위빠사나 수행법

보는 방법을 시도할 수도 있다. 지금 '무엇을 하고 있지?', '마음 상태는 어떻지?', '불안한가, 편안한가?', '몸에서 무엇이 일어나고 있지?' 이렇게 물어보는 것만으로도 '아는 마음(알아차림)'이 일어난다.

직접 마음을 알아차리는 것이 어려우면 몸의 느낌을 통해 알아차리는 방법도 있다. 눈꺼풀, 입술, 손, 엉덩이 등 몸이 접촉한 부분에 마음을 보내어 그 느낌을 알아차린다. 물론 마하시의 방법처럼 호흡을 통한 느낌의 관찰로 시작하는 것도 가능하다. 하지만 호흡에 대한 알아차림은 몸과 마음이 편안할 때 알아차리는 것이다.

대부분의 수행자들이 호흡을 알아차리려고 할 때 놓치지 않고 집중하겠다는 마음으로 임하기에 긴장하거나 힘을 주게 된다. 이것은 자연스러운 현상이 아니다. 호흡을 보기 위해 긴장한다거나 힘을 주어 호흡을 알아차리는 것은 탐욕과 성냄의 마음을 키우는 원인이 된다. 결국 수행을 진행하는 과정에서 삼독심이 발생하는 방법이라면 그것은 적절한 수행법이라고 보기 어렵다. 따라서 자연스럽게 호흡을 바라볼 수 없다면, 굳이 호흡을 잡지 말고 몸의 다른 느낌이나 접촉한 부분의 느낌 등을 가볍게 알아차리는 것도 방법이다.

오문(眼耳鼻舌身) 작용을 통한 알아차림에서 시작하여 마음이 편안한지 불편한지를 점검하는 것도 좋은 방법이다. 몸에서 알아차림을 시작하여 마음을 자주 보는 방식이다. 예를 들어 몸의 느낌을 보면서 '어떤 마음으로 알아차리는가?', '알아차리는 순간에 마음은 편안한가?', '힘든가?', '어떻게 생각하고 있는가?' 등의 마음을 점검하는 것이다. 이때 미세한 마음들을 알아차리려고 노력할 필요 없이 거칠고 커다란 마음부터 알아차린다. '편안한가?', '괴로운가?', '힘든가?' 등 현재 마음 상태를 알아차리는 것이 중요하다. 그 마음이 생긴 원인을 찾으려 하거나 그 생각에 빠지는 것은 바람직하지 못하다.

또한 마음이 어떻게 일어나는가?, 어떤 마음 상태로 알아차리고 있는가?, 이것[대상]을 알고 있을 때 마음 상태는 어떤가?, 이 대상을 알아차렸을 때 마음은 어떻게 느끼는가? 등으로 연결시켜 마음의 상태를 보는 것도 방법이다. 이때 알아차림의 힘이 필요하다. 이러한 물음을 통해 알아차림이 일어나면 마음이 알고 싶은 것을 알게 된다. 이것이 자연스럽게 아는 것이다. 혹시라도 수행자가 의도적으로 자신이 보고 싶다거나 알고 싶은 마음을 쫓아다니면 힘이 들어가 쉽게 지친다. 수행자가 몸과 마음에 대하여 집중하거나, 억제 혹은 통제하려는 상태는 탐욕의 마음이 일어날 때 나타나는 현상이다.

대상을 통해 탐욕이나 성냄이 일어나는 근본적인 이유는 자아 관념 때문이다. 의식의 기저에 깔린 '내가 있다', '내 것이다'라는 자아가 활동하는 것이다. 하지만 이 수행을 통해 마음이 마음을 대상으로 알아차리면 단지 마음이 활동하고 있을 뿐, 그 안에 고정된 마음은 없다는 사실을 알게 된다. 대상과 아는 마음이 분리되는 탈동

PART 5 • 순문과 쉐우민 위빠사나 수행법

일시가 일어난다. 수행자는 조건화되어 있는 마음을 보고 생멸을 경험하며 무상함을 알게 되는 것이다.

◎편안한 마음으로 알아차림을 반복해야

흔히 쉐우민 위빠사나는 쉽다고 생각한다. 그러나 겉으로만 쉬워 보일 뿐 막상 수행 현장에 들어가면 결코 쉽지 않다는 것을 깨닫게 된다. 초보 수행자들은 고정된 자세로 오래 앉지 않아도 되고, 노력하고 인내하라는 주문이 없다는 점에 부담 없이 시작한다.

하지만 마음을 놓치지 않는 작업은 단순하거나 수월한 과정이 아니다. 대부분의 수행자는 수행 과정에서 무엇인가를 바라고 있으며, 얻지 못할까 긴장하고 있다. 마치 자유시간이 생겨도 온전히 쉬지 못하고 무엇인가를 해야만 하는 휴양지의 성급한 여행객 같다. 쉬라고 해도 쉬지 못하듯이 수행 중에도 탐욕에 빠져 있다. 따라서 특정의 목표도, 이루려는 욕망도 모두 내려놓고 긴장을 풀고 편안한 마음으로 알아차림을 반복하는 것이 중요하다. 솔직히 말은 쉽지만 실천하기가 쉽지 않다. 그러다 보니 자신이 무엇을 해야 하는지도 모르고 허송세월을 보내는 수행자도 적지 않다.

우리는 처음 시작하는 운동이나 일을 할 때 힘이 들어간다. 하지만 시간이 흐르고 익숙해지면 힘을 많이 쓰지 않고도 그 일을 수월하게 할 수 있다. 어떤 일을 하는 데 있어 힘이 핵심은 아니다. 하지

있는 그대로

만 초보자에게는 힘을 빼는 것이 더 어렵다. 쉐우민의 위빠사나 수행은 힘을 주는 것이 아니라 힘을 빼고 편안하게 알아차리는 반복이 필요하다. 고정된 대상을 오랫동안 보는 것이 중요한 것이 아니라 다양한 대상을 자주 보는 것이 중요하다. 익숙해지면 좌선이나 행선뿐만 아니라 일상생활에서도 크게 힘들이지 않고 마음을 알아차릴 수 있다.

쉐우민 수행의 장애 대처법

어떤 수행이든 수행을 하다 보면 장애를 만나게 된다. 통증, 망상, 졸음은 빼놓을 수 없는 장애이다. 그런데 이들 장애를 대하는 방법은 수행 방법에 따라 다르다. 마하시 위빠사나의 대처법과 쉐우민 위빠사나의 대처법이 다르다. 쉐우민 위빠사나는 감각보다는 마음 관찰에 역점을 두고 있다.

◎통증에 대처하는 법

앉아서 하는 수행을 진행하다 보면 다리나 허리 등에서 통증이 일어나기도 한다. 이때 수행자는 제일 먼저 통증이 자연스러운 현상이며 몸이 지닌 본래의 성품이라고 생각해야 한다. 두 번째로 마음을 바라본다. '통증의 순간에 마음은 어떻지?', '통증으로 인해 분노(성냄, 瞋心)가 일어나는가?', '성냄이 일어날 때는 어떤 생각이 일어나지?' 세 번째로 몸, 생각, 느낌의 변화를 모두 볼 수 있다면 더 좋다. '몸, 생각, 느낌이 어떤 연관성이 있지?', '몸과 마음은 어떤 연결성이 있지?' 등의 생각과 더불어 몸의 변화와 느낌을 함께 알아차린다. 네 번째로 통증이 사라지기를 바라지 말고 '사라지려면 사라지고, 말려면 마라'고 마음먹고 알아차림을 지속한다.

그럼에도 불구하고 통증을 견딜 수 없어 성냄이 확장된다면 자세를 바꿔준다. 수행을 하는 것은 선한 마음(善心)을 키우기 위한 것이지, 불선한 마음(不善心)을 키우기 위한 것이 아니다. 따라서 수행의 대상이 삼독심을 키우고 있다면 멈추거나 바꾸어야 한다. 하지만 조금 아프다고 자주 바꾸면 탐심을 키우는 계기가 될 수 있고, 절대로 자세를 바꾸지 않겠다고 억지로 참으면 진심을 키우는 계기가 될 수 있다. 또한 통증이 시작하자마자 달아나서도 안 되며, 억지로 참으려고 해서도 안 된다. 둘 다 어리석은 짓이다. 앞서 순서대로 본래의 성품으로 이해하려 노력해 보고 안 되면 물러난다.

통증이 심하면 통증으로 인해 나타나는 마음을 알아차린다. 물론 통증으로 마음을 보내도 삼독심이 일어나지 않는다면 통증을 대상으로 관찰해도 좋다. 그러나 쉽지 않다. 마음을 알아차리고도 못 참겠으면 자세를 바꿔 주고 자세가 바뀔 때의 마음을 알아차린다.

수행 중에 통증이 일어나면 수행자의 마음은 바로 통증으로 간다. 왜냐하면 수행자가 통증을 싫어하기 때문이다. 또한 통증은 분명한 모습으로 자신을 드러낸다. 하지만 본 수행의 수행자는 통증을 관찰하지 않는다. 왜냐하면 통증에는 싫어하는 마음이 숨어 있기 때문이다. 따라서 통증이 일어나면 마음을 먼저 점검한다.

첫째, 마음은 아픈 것을 어떻게 생각하고 있는지, 그 마음을 알아차린다. 마음속에는 느끼는 성품이 있어 괴로워하거나 견디기 어려워한다.

둘째, 혹시 긴장하는 마음이 있는지 알아차린다. 알아차린다고 해서 긴장하는 마음에 머무를 필요는 없다. 긴장하는 마음이 있음을 두세 번 정도만 알아차리면 된다.

셋째, 통증은 몸이 가지는 본래의 성질(특성)이니 있든지 말든지, 사라지든지 말든지 나와는 상관없다고 생각한다.

넷째, 본래의 성품으로 생각해도 버티기 어려우면 자세를 바꿔준다. 단, 바꿀 때에도 바꾸는 과정에서 나타나는 마음을 알아차린다. 앞서 설명한 방법과 조화롭게 이용하는 것도 방법이다.

◎ 망상에 대처하는 법

수행자는 많은 망상을 한다. 수행 중에 나타나는 현상 대부분이 망상이라 해도 과언이 아닐 것이다. 인간에게 망상과 생각은 늘 일어난다. 이처럼 습관화된 망상이 수행을 시작했다고 해서 바로 없어지지는 않는다. 그러니 없기를 바라지 말고 단지 알아차려야 한다. 알아차려지는 대로 알아차리기를 반복하는 것이다.

망상이 많아 많다고 걱정하면 성냄의 마음이 일어난다. 그러면 그때 성냄의 마음을 알아차리면 된다. 망상이 일어나면 망상을 알아차리고, 좋아함이나 싫어함이 일어나면 그 마음을 알아차린다.

망상을 알아차리는 것은 생각을 알아차리는 것과 같다. 하지만 여기서 중요한 것은 생각의 내용을 쫓아가는 것이 아니라 생각하고 있음을 아는 것이다. 생각의 내용을 쫓아가는 것은 사념의 확산 즉 망상이라고 부르고, 생각하고 있음을 아는 것은 알아차림이라고 부른다. 생각을 알아차리고 있는 순간은 개념에서 벗어나 실제가 유지된다. 따라서 생각하는 마음을 알아차릴 때에는 내용을 우선시하지 말고 생각하고 있다는 것을 알아차리면 된다.

처음 수행을 시작하는 사람은 가능한 생각을 오랫동안 바라보지 않는 것이 좋다. 왜냐하면 아직 생각을 객관적 대상으로 볼 수 없기에 생각의 내용에 빨려들기 쉽다. 시작 단계에서 망상을 알아차리고 멈출 수 있는 힘은 부족하다. 따라서 생각이 100번 일어나면 100번 알아차린다고 생각하고 시작한다.

혹시 초보 수행자가 망상에 자주 빠진다면 몸을 활용하는 것도 방법이다. 수행자는 망상에 빠진 것을 알아차리고 그때의 몸을 주시하고, 또 망상이 일어나면 일어난 줄 알아차리고 다시 몸을 보는 방법을 활용한다. 몸을 보는 방법으로는 앞서 설명한 것처럼 눈꺼풀, 입술, 손, 엉덩이 등 몸이 접촉한 부분에 마음을 보내어 그 느낌

수행자는 현재의 마음에 바라거나 싫어하는 마음이 있는지 없는지 알아차리고, 그 마음을 내려놓는다. 수행자는 단지 알려고 할 뿐, 원하는 대상을 고르거나 바꾸려고 노력하지 않는다. 힘을 주어 집중하는 것이 아니라 대상을 잊지 않고 지켜보는 것이다. 대상은 단지 알아지는 것일 뿐, 대상 자체에 가치나 의미를 부여할 필요는 없다.

을 알아차리거나 소리 등의 현상을 알아차리는 방법이 있다. 마음이 제멋대로 돌아다니게 놔두는 것은 수행이 아니다. 알아차리고 알아차림이 있도록 일깨워 주는 일의 반복이 수행이다. 그리고 이 반복을 올바른 노력(正精進)이라고 부른다.

망상이나 생각이 일어나면 감정이 쉽게 발생한다. 이 감정이 싫어 망상이나 생각을 알아차리는 것을 피하는 경우도 있다. 하지만 이 감정 역시 알아차림의 대상이다. 세계적인 명상 지도자 냐냐포니까 테라(ven. Nyanaponika Thera)는 마음을 알아차리는 수행(心念處)에 대해 "심념처를 수행하면 단점을 외면하고 장점을 소홀히 보는 두 가지 모두가 고쳐진다"고 설명한다. 특히 시끄러운 소리를 듣고 화가 났을 때, '화가 난다'는 마음을 있는 그대로 알게 되면 감정적 불안 대신 종종 자신을 돌아본 감정적이지 않은 마음으로 그 화나는 느낌을 풀어 버릴 수 있다는 것이다.

이처럼 심념처는 마음에서 일어나는 여러 가지 현상들을 있는 그대로 관찰하는 것이다. 예를 들어 층간소음을 내는 위층 사람이 아닌, 성냄이 일어나는 마음을 관찰하는 것 역시 심념처이다. 대부분의 경우, 수행자가 몸과 마음에서 일어나는 현상을 관찰하다 보면 다양한 생각이나 망상들이 떠오른다. 이러한 생각과 망상을 대상으로 놓고 관찰하는 것 역시 심념처이다.

◎졸음에 대처하는 법

수행자의 대부분은 졸음에 시달린다. 수행자들은 졸려서 고개를 끄덕거릴 때, 극복하고자 많은 힘을 쓴다. 하지만 대부분의 수행자는 졸음의 힘을 이기지 못하고 잠에 든다. 졸음이 오면 이로부터 벗어나고자 노력한다. 이때 벗어나고자 하는 마음을 살펴보면 그 안에 싫어함이 숨어 있음을 알 수 있다.

이 싫어하는 마음은 노력이라는 이름으로 포장되어 마치 수행을 강하게 하는 원동력처럼 보인다. 하지만 싫어하는 마음은 올바른 알아차림의 힘을 키워 주지 못한다. 왜냐하면 그 안에는 다시 불선한 마음이 숨어 있기 때문이다. 따라서 수행자는 졸음이 올 때 그 안에 숨어 있는 마음을 알아차리도록 시도해야 한다. 그리고 졸음 역시 통증처럼 자연스러운 성질(특성)로 이해하고, 자연적인 성질을 알고자 하는 마음으로 전환해야 한다.

꾸준히 반복적으로 졸음에 대해 알아차리면 졸음으로부터도 벗어날 수 있다. 아는 마음의 힘이 강해지면 졸음은 사라진다. 우 실라난다 사야도(Ven. U. Sīlānanda)는 마음이 일어나는 순서와 더불어 대상을 알아차리는 마음이 곧 심념처라고 설명한다.

"여러 가지 마음을 각각의 명칭으로 구별해야만 하는 것은 아닙니다. 졸릴 때 알아차리고 '졸림, 졸림, 졸림'이라고 아는 것으로 충분합니다. 산만해졌을 때, '산만, 산만, 산만'이라고 알아차립니다. 이러한 의식이 마음에 생길 때마다 알아차려야 합니다. 마음 관찰을 하는 동안 하나의 마음은 다른 마음의 대상입니다. 그것들은 같은 순간에 생길 수 없습니다. 수행의 대상인 마음은 조금 일찍 일어나고, 그 마음을 알아차리는 다른 마음은 조금 늦게 일어납니다. 그러나 수행자들은 그것들을 현재라고 부를 수 있습니다. 마음을 관찰할 때 시간 차이는 매우 짧기 때문입니다. 갖가지 의식이 생기고 사라질 때, 이러한 유형을 그것이 생길 때 알아차려야 합니다."

있는 그대로

2. 걸으며 하는 수행

행선을 할 때는 특정한 자세를 요구하지 않는다. 손을 뒤로 모아 잡거나 앞으로 모아 잡지 않는다. 쉐우민 위빠사나의 행선은 평소에 걷는 것처럼 자연스럽게 걷는 것을 원칙으로 한다. 마하시 위빠사나처럼 일부러 천천히 걷는다거나 명칭을 붙인다거나 발목 아래의 제한된 영역을 설정하는 방법은 찾아보기 어렵다. 일부러 천천히 걸으려고 애쓰지 않는다. 평소에 몸이 하던 대로 놔두면 된다. 이 대상을 보겠다거나 저 대상을 보겠다고 수행자의 생각을 임의로 일으킬 필요가 없다. 걷는 중에 일어나는 현상을 주시하고 알아차린다.

걷는 수행을 할 때에는 몸 전체를 관찰한다. 명칭을 붙이지 않고 자연스럽게 걸으며 마음이 '서두르고 있는지?', '차분한지?', '마음이 무엇을 알고 있는지?' 등을 묻고 알아차린다. 가고 싶어 하고, 멈추고 싶어 하는 마음을 알아차리는 것도 좋다. 마하시의 방법처럼 알아차림의 대상을 발목 아래나 발에만 한정하여 집중하면 긴장하게 된다. 속도는 빠를 수도, 느릴 수도, 보통일 수도 있다. 속도나 보폭 등에 신경 쓰지 않고 편안하게 걷는 것이 중요하다. 걷고 있는 것을 알아도 되고, 소리가 들리는 것을 알아도 되고, 팔이 흔들리는 것을 알아도 된다. 걷는 동안의 마음을 알아도 된다.

3. 일상에서의 알아차림 (생활선)

걸으면서 하는 수행은 일상에서의 알아차림으로 확장된다. 세수하는 것부터 시작하여 양치하고, 머리 빗고, 옷을 바꿔 입는 것 등 일상의 모든 것을 하나도 빠짐없이 알 수 있는 대로 모두 알아차린다. 처음에는 몸의 느낌부터 시작해도 좋다. 그리고 몸을 알아차리고 있는 동안에 마음을 자주 점검하는 것이 중요하다.

수행자가 있는 그대로의 성품을 알고자 한다면 일상생활에서도 자연스럽게 수행해야 한다. 따라서 억제한다거나 일부러 천천히 동작해서는 안 된다. 물론 처음 운동을 시작하는 사람이 자세를 바로 익히기 위해 일부러 구분 동작을 하는 것처럼 수행의 시작에서 방법을 익히기 위해서 동작을 천천히 진행할 수도 있다. 하지만 이러한 경우는 의도적이지 않은 알아차림이 유지되는 경우에만 가능하다. 따라서 일상생활에서도 몸이 하고 싶은 대로 하도록 내버려 둔다. 마음은 단지 잊지 않고 알아차릴 수 있는 만큼 알아차리면 된다. 억지로 보려 해도 보이지 않는다. 억지로 눈을 크게 떠도 멀리 있는 대상은 보이지 않는 것과도 같다. 마음의 힘이 좋아지면 저절로 보이게 된다. 따라서 알아차림이 자주 이어질 수 있도록 하는 것이 중요하다. 자주 이어서 하기 위해서는 자연스럽고 편안하게 진행해야 한다.

먹는 동안에도 알아차림은 지속된다. 먹는 동안 알아차림을 할때에는 밥그릇 속에 마음을 두는 것이 아니라 어떤 마음으로 먹고있는지, 마음이 어떻게 느끼고 있는지, 차분한지, 성급한지 등을 알아차릴 수 있도록 해야 한다. 그리고 마음이 고요해지면 손으로 수저를 잡고, 입을 벌리고, 넣고, 씹고, 다양한 맛 등을 알아차린다. 그리고 그 맛과 질감에 의해 좋아하는 마음이 일어나고, 싫어하는 마음이 일어나는 것을 알아차린다. 어떠한 마음이 일어나든지 알아차리는 것이 중요하다. 쉐우민 사야도는 육근의 활동이 먹을 때 가장왕성하기에 이 수행에 적합한 방법 중의 하나로 먹기를 제안했다.

있는 그대로

Epilogue

지금까지 마하시 사야도의 위빠사나를 시작으로 순룬 사야도의 위빠사나 그리고 쉐우민 사야도의 위빠사나를 소개했다. 이들은 미얀마 안에서 발전한 위빠사나 수행법들로 현재까지 가장 많은 수행자들이 참여하고 지혜를 계발하고 있는 대표 순수위빠사나 수행법이다. 본서의 설명은 제한된 것으로 필자가 배우고 경험한 내용이라는 한계를 지닌다. 따라서 보다 진지한 수행을 위해서는 직접 현장의 지도자들을 찾아 참여하고 배울 것을 권유한다.

시대적 순서를 따르면 순룬 사야도의 수행법이 가장 먼저 만들어졌다. 순룬 사야도는 상좌부 전통의 교학을 따르기보다 현실적으로 빠르고 경험적인 실천법을 추구했다. 그는 코끝을 통한 집중을 시작으로 온몸을 관찰하는 방법을 소개했다. 무엇보다도 장애를 극복하기 위해서 인내를 가장 빠른 해결책으로 제시했다. 순수 위빠사나라고는 하지만 풀무질을 하듯 의도적으로 강하게 호흡을 시작하는 전반부는 집중의 힘을 키우기 위해 사마타적 요소를 가미한 것으로 보인다. 미얀마 내의 불교문화부흥운동을 통한 국가적 지원이 일어나기 전에 자발적으로 만들어지고 유지된 수행법이라는 측면에서 그 의의를 더한다.

두 번째는 마하시의 위빠사나이다. 마하시는 위빠사나 수행의 대명사이다. 학승이자 수행승으로 뛰어난 능력을 지녔던 마하시 사야도의 역량이 담겨 있는 수행법이다. 붓다의 가르침과 『청정도론』을 기준으로 기존의 상좌부 수행 전통을 고수하고자 노력했으며, 분리와 분석이라는 전통적 사고를 활용하여 몸을 시작으로 마음까지 관찰하고자 만들어진 수행법이다. 장애를 극복하기 위해서 수용과 직면하는 방법을 활용하였다. 수행의 시작에서 명칭을 붙여서 주시의 능력을 키우는 방법은 초보자의 집중을 돕기 위한 사마타적 요소로 보인다. 간혹 배를 보는 수행이라 제한하여 설명하는 경우도 있는데, 본 수행법을 이해하지 못한 평가로 보인다. 마하시 사야도의 뛰어난 역량과 불교문화부흥운동이라는 사회적 환경이 함께 어울려 불교수행문화의 꽃을 피운 수행법이라 볼 수 있다.

있는 그대로

	순수 위빠사나	마하시 위빠사나	쉐우민 위빠사나
주시의 시작	코끝에서 시작해 몸 전체의 감각으로	배의 감각에서 시작해 몸 전체의 감각으로	육근(몸과 마음)의 알아차림에서 마음의 알아차림으로
핵심 기능	주시(sati)	주시(sati)	알아차림(sampajañña)
수행의 진행 과정	호흡 집중→ 몸 전체의 감각 관찰→ 지혜의 성장	배의 감각 관찰→ 몸 전체의 감각 관찰→ 지혜의 성장	육근의 작용 알기→ 현재의 마음 알기→ 지혜의 성장
수행 방법	순수 위빠사나	순수 위빠사나	순수 위빠사나

◎순룬 위빠사나 vs 마하시 위빠사나 vs 쉐우민 위빠사나◎

　　마지막으로 쉐우민의 위빠사나 수행이다. 그는 마하시 사야도의 제자였기에 마하시 위빠사나를 누구보다 잘 이해하고 있었다. 수행자가 마하시의 방법을 통해 경험하는 어려운 부분을 보완하고 싶었던 것으로 보인다. 특히 누구나 공감할 수 있는 설명으로 마음을 이해하고, 기존에 접근했던 방식의 문제점들을 파악하는 방식은 현대인을 위한 심리치료적 위빠사나 수행이라고 묘사할 만하다. 수행자는 장애와 싸울 필요가 없으며, 집중을 위한 사마타적 요소도 필요하지 않다. 필자가 이해하는 쉐우민의 순수위빠사나는 이상적이다.

다만, 초보 수행자가 노력 없이 긴장 없는 마음을 지니고, 집중 없이 안정을 유지하며, 감각에 대한 경험 없이 마음을 알아차릴 수 있을지에 대해서는 의문이 남는다.

이들은 모두 현상을 있는 그대로 보기 위해 만들어진 방법들이다. 그 구체적인 방법에 대해서는 각자의 선택에 맡겨야 할 것이다. 초기불교 안에서 현상을 아는 것에는 크게 세 가지 방법이 있다. 이들은 '산냐(saññā: saṃ+jñā)', '윈냐나(viññāṇa: vi+jñā)' 그리고 '빤냐(paññā: pa+jñā)'이다. 모두 안다는 의미를 지닌 '즈냐(jñā)'에 접두사 '상(saṃ)', '위(vi)', '빠(pa)'가 붙어 의미를 더해 주는 형태이다. 한자로 상(想)이라고 번역한 '산냐(지각, perception)'는 현재의 현상을 과거의 것과 동일하게 아는 능력을 말한다. 기억의 의미를 지니고 있으며 개념을 통해 이름을 붙일 수도 있다. 식(識)으로 번역한 '윈냐나(의식, consciousness)'는 현재의 현상을 순수하게 분리하여 세부적으로 아는 능력을 말한다. 개념으로 표현하기 어려운 순수한 앎의 상태를 말한다. 그리고 혜(慧)로 번역한 '빤냐(지혜, wisdom)'는 이들 중에 가장 강한 앎으로, 현재의 현상을 분명하고 지혜롭게 파악하는 능력을 말한다. 개념을 떠나 현상의 특성[三法印]을 온전하게 파악할 수 있는 앎의 상태이다. 이들은 모두 아는 것이지만 그 힘과 수준이 다르다.

동전에 비유하자면, 아기는 동전을 입에 넣으려고 할 것이다, 청

있는 그대로

소년은 동전을 입에 넣을 수도 있지만, 간식을 사 먹을 수도 있다. 어른은 간식을 사 먹을 수도 있고, 저축을 할 수도 있고, 그 밖에도 다양하게 활용할 수 있다. 동전이 변한 것이 아니라 동전을 활용하는 능력과 수준이 바뀐 것이다. 따라서 수행자가 진행하는 방법이 수행의 수준을 결정하는 것이 아니라 수행자가 현상을 알아차리는 능력이 수준을 결정하는 것이다. 특정의 수행법이나 호흡법이 위빠사나의 수준을 결정하는 것이 아니다.

위빠사나는 현재 나타나는 현상을 '빤냐(paññā, 知慧)'의 힘으로 아는 것을 말한다. 우리는 현재 이 순간에 나타나는 현상들을 객관적으로 주시함으로써 '있는 그대로' 알 수 있다.

"모든 수행자가 번뇌의 소멸, 완전한 자유, 위대한 열반에 도달하기를 바랍니다."

있는 그대로

초판 1쇄 발행 | 2019년 12월 12일

지은이 | 정준영
발행인 | 승영란, 김태진
편집주간 | 김태정
마케팅 | 함송이
경영지원 | 이보혜
일러스트 | 조철룡
디자인 | 여상우
출력 | 블루엔
인쇄 | 이음피앤피
제본 | 경문제책사
펴낸 곳 | 에디터
주소 | 서울특별시 마포구 마포대로 14가길 6 정화빌딩 3층
전화 | 02-753-2700, 2778 팩스 | 02-753-2779
출판등록 | 1991년 6월 18일 제313-1991-74호

값 18,000원
ISBN 978-89-6744-213-2 03190